A PALAVRA
DO ESTRATEGISTA

Copyright do texto ©2016 Felipe Miranda
Copyright da edição ©2016 Escrituras Editora

Todos os direitos desta edição cedidos à
Escrituras Editora e Distribuidora de Livros Ltda.
Rua Maestro Callia, 123 – Vila Mariana – São Paulo – SP – 04012-100
Tel.: (11) 5904-4499 / Fax: (11) 5904-4495
escrituras@escrituras.com.br
www.escrituras.com.br

Diretor editorial Raimundo Gadelha
Coordenação editorial Mariana Cardoso
Projeto gráfico e diagramação Studio Horus
Capa Vagner de Souza
Foto da capa Helena de Guide
Impressão Intergraf

Dados Internacionais de Catalogação na Publicação (CIP)
(Câmara Brasileira do Livro, SP, Brasil)

Miranda, Felipe
A palavra do estrategista: como tirar proveito
da crise e ganhar milhões / Felipe Miranda. –
São Paulo: Escrituras Editora, 2016.

ISBN 978-85-7531-680-1

1. Brasil – Condições econômicas 2. Brasil –
História 3. Brasil - Política e governo
4. Crise econômica I. Título.

16-00863   CDD-330.981

Índices para catálogo sistemático:
1. Crise econômica   330.981

Impresso no Brasil
Printed in Brazil

Felipe Miranda

A PALAVRA
DO ESTRATEGISTA

*COMO TIRAR PROVEITO DA CRISE
E GANHAR MILHÕES*

São Paulo, 2016

Para João Pedro.

Sumário

Prefácio 9

Capítulo 1
O bode expiatório moderno 19

Capítulo 2
O segundo *round* da crise de 2008. Ou como chegamos até aqui? 47

Capítulo 3
Como viver num mundo que não entendemos?
A resposta prática e epistemológica à nossa ignorância. 83

Capítulo 4
Desta vez é diferente. Ou, o Brasil está frágil 103

Capítulo 5
Desta vez é diferente? 133

Capítulo 6
Somos todos *groupies* 159

Capítulo 7
Os cenários possíveis: dólar e dólar.
Recuperação da economia ou estagnação secular?
Não importa, responde Tales de Mileto 169

Capítulo 8
O *value investing* está morto 193

Capítulo 9
Alguns erros são imperdoáveis. Ou, 2016 e um novo Maracanazo 201

Capítulo 10
De olhos bem fechados 219

Prefácio

A história nega as coisas certas. Há períodos de ordem em que tudo é vil e períodos de desordem em que tudo é alto. As decadências são férteis em virilidade mental; as épocas de força em fraqueza do espírito. Tudo se mistura e se cruza, e não há verdade senão no supô-la.

Fernando Pessoa

Se tudo se mistura e se cruza, este é o primeiro livro de Felipe Miranda, após a publicação do best seller *O Fim do Brasil,* em setembro de 2014. Levada à risca a alegoria, a economia brasileira parece ter mesmo se acabado desde então. Dólar acima de R$ 4,00, inflação de 10% ao ano, desemprego avançando rapidamente, PIB em recessão e a maior taxa de juros do mundo. A década perdida dos anos 1980 foi milagrosamente reencontrada trinta anos depois.

O título prospectivo parecia polêmico quando de sua primeira aparição na internet, nos jornais e nas listas de mais vendidos. Com o teste do tempo, foi se provando revelador. Até hoje recebemos mensagens de leitores espantados com o fato de que o cenário tragieconômico minuciosamente narrado em *O Fim do Brasil* fora publicado antes de toda esta desordem, quando o Governo Dilma ainda propagandeava um clima de festa eleitoral.

Como pudemos manifestar tamanha capacidade de previsão? Em uma indústria financeira dominada por filisteus, somos profetas eleitos não pela antevisão, mas sim pela independência das análises e recomendações. Não há mística alguma por trás da Empiricus, tampouco em torno da figura de nosso estrategista-chefe, Felipe Miranda.

Conheço-o há mais de uma década. Fundamos nossa empresa juntos e posso conversar com ele sem completar frases. Gosto de descrevê-lo como uma pessoa de hábitos simples e imutáveis, captados pelas exatas palavras do leitor Daniel F., que avistou Felipe num restaurante qualquer:

> Sábado à tarde estava almoçando com a minha família, saboreando uma bela feijoada e te vejo entrando sozinho para também comer o mesmo prato. Tinha certeza que era você, mas não quis causar constrangimentos durante seu almoço. Perdi uma boa oportunidade para lhe dar os parabéns pelo trabalho realizado e por todas as análises de mercado. Hoje em dia ler as *newsletters*, relatórios, entre outros tantos materiais que recebo, é um *pit stop* obrigatório. Confesso que fiquei surpreso com o seu estilo *all star* e *shorts*, imaginava que usaria terno 24/7... rsss. Bom, espero que voltemos um dia a se encontrar, e bater um papo.

Digerida a feijoada do fim de um Brasil, é chegada a hora deste reencontro. Queremos, de novo, bater um papo com Felipe, ouvir *A Palavra do Estrategista*. Não por que teve sorte anteriormente, mas principalmente por sua habilidade interpretativa, alicerce à contínua obsessão de gerar boas ideias.

Na Empiricus, entendemos que esta conversa entre um economista/analista e seus leitores não deve parar jamais, inclusive por compromisso ético. Acertos e erros financeiros só podem ser avaliados rigorosamente ao longo do tempo, por amostra de várias observações, contemplando diferentes cenários. Caso esporádicos pertencem à Deusa Fortuna, e interessam apenas aos forasteiros.

Ao assumir esse compromisso singular, Felipe estabeleceu um canal frequente de comunicação com os assinantes de *A Palavra do Estrategista*. Seus relatórios tornaram-se famosos não pelo mundano acerto de previsões, mas sim pela associação íntima entre conceitos econômicos, psicológicos e filosóficos que facilitam e, ao mesmo tempo, enriquecem o entendimento do mercado.

Dessa forma, aprendemos sobre o espírito dionisíaco da iniciativa privada, a função castradora de Binah na árvore da cabala, o mito de Er em Platão, a fenomenologia de Jung, a aposta assimétrica de Tales de Mileto e, mais incrivelmente, como tudo isso se envolve com o seu amadurecimento financeiro.

É apenas isso que justifica o prefácio e o livro que você agora tem em mãos. Se as palavras de Felipe Miranda fossem limitadas à compra de dólares, já teriam morrido, junto com os Governos. Se fossem estendidas até o PIB, a inflação e os juros, obedeceriam a um propósito restrito, beberiam da semi-falácia dos economistas. Suas análises, felizmente, vão além. Não são perecíveis, pois se preocupam com a própria origem do conhecimento financeiro, e como ele é construído pelo embate entre vícios e virtudes.

Os textos deste livro foram concebidos desde sempre, desde que conheci o autor, calouro da faculdade de Economia. Não existe fim para eles. Desafio o leitor aficcionado a passear pelos capítulos sem tomar nota das datas originais de publicação; quase nada estará perdido.

Claro, você não consegue mais comprar dólares a R$ 1,90. Mas – ainda assim – poderá entender algo muito mais importante: por que o dólar sobe tanto em contextos de crise como o atual, e de que forma ele tende a subir. Esse entendimento estrutural o ajudará a ganhar muito dinheiro quando o câmbio virar na contramão, assim que esta crise estiver resolvida (acredite, todas as crises se resolvem um dia). E o ajudará também a antecipar largamente as consequências de um próximo vacilo nacional, quiçá daqui a cinco ou dez anos.

Sem qualquer arrogância, constato que as previsões econômicas – que conferiram tamanho reconhecimento à Empiricus – respondem por uma parcela diminuta de nosso trabalho. Não temos qualquer tipo de metas internas para acertar previsões. Para ser sincero, abominamos a prática – tão usual no mercado financeiro – de tentar adivinhar o futuro.

Felipe Miranda é bastante claro quanto a isso, inclusive em um dos capítulos que nos aguardam logo mais. "Se eu tivesse que apontar a principal diferença metodológica entre a Empiricus e os demais analistas de mercado, seria a seguinte: a maior importância que damos ao que não sabemos."

Ao admitirmos ignorância, prestamos mais atenção no que está acontecendo, pois queremos, a todo tempo, curar essa ignorância. Ela nos incomoda continuamente, exige esforço adicional de nossas análises. Não somos loucos de querer resolvê-la por meio de atalhos confortáveis, calculando modelinhos pretensamente científicos e propagandeando preços-alvo para ativos financeiros de comportamento errático.

Pois bem, se não usamos metas internas pautadas em previsões, qual é a grande diretriz metodológica da Empiricus? Adotamos e respeitamos ao extremo a meta de alertar nossos clientes sobre riscos e oportunidades que estão sendo irresponsavelmente ignorados pelo mercado e pela imprensa.

Voltando ao caso icônico de *O fim do Brasil*, você perceberá que ele representa exatamente isso. Felipe conseguiu sintetizar, em uma tese sem igual, riscos e oportunidades que na época eram tratados como irrisórios ou – ainda pior – malucos. Para fazer esse tipo de coisa, é óbvio que temos que ser, nós mesmos, também irrisórios e malucos durante certas ocasiões. Não estou dizendo que somos propositadamente marginais ou lunáticos, mas sim que as circunstâncias fazem com que sejamos percebidos dessa forma, ao menos temporariamente.

Em verdade, creio que esse é um fardo reputacional que deveria recair sobre absolutamente todos os economistas e analistas. Um bom investimento costuma ser descrito inicialmente por saídas de caixa, mais tarde recompensadas por entradas de caixa de maior porte. Analogamente, o analista precisa contratar de antemão esse fardo reputacional para receber, *a posteriori*, determinado *status*. Aquilo que chamamos de *skin in the game*, de assumir riscos. E, assim como no típico diagrama dos investimentos, não há qualquer garantia de que o *status* conquistado será positivo ou negativo. Há apenas um binômico intuição-razão, por parte do analista, de que ele estará certo enquanto outros estão menos certos, ou mesmo errados.

Por que, entretanto, o fardo do *skin in the game* parece exclusivamente associado ao *research* disruptivo da Empiricus? Não deveria se aplicar a todas as casas de *research* do Planeta Terra? Infelizmente, são pouquíssimas as equipes de análise imbuídas de independência.

Se você – ocupando um cargo de analista – não se blinda de interesses secundários (sejam eles comerciais ou financeiros), você não tem sequer a chance de arriscar a própria pele. Não posso nem culpá-lo por ser um mau analista, pois você não está fazendo análise alguma. Está apenas replicando as vontades institucionais do banco ou da corretora em que trabalha, sobre uma página de Word em branco.

Todos os financistas certificados e MBAs estão livres para pintar páginas e páginas com infográficos coloridos e tabelas repletas de linhas e colunas. No fundo, porém, não terá significado nada sem o *skin in the game*. Sobre quem recairá o peso da derrota caso a recomendação vier a ser mal-sucedida? Qual é a chance de ela dar errado? Agora é fácil apostar a favor do dólar; mas e lá atrás?

Talvez você tenha reparado que cada uma das séries da Empiricus tem dono; um analista diretamente responsável pelas recomendações publicadas, assim como no caso do Felipe com *A Palavra do Estrategista*. Queremos ser cobrados por aquilo que falamos e escrevemos. Não meramente pelas previsões derivadas de nossas análises, mas – sobretudo – pela coerência técnica e moral das recomendações.

Vamos errar e vamos acertar – isso é natural do ofício. Felipe acertou em cheio com *O fim do Brasil* e recomendando distância das ações de Petrobras. Também já errou num passado em que via potencial em jovens petrolíferas. Porém, não houve uma só análise incoerente, tampouco inconsequente. Reconhecemos nossos equívocos e trabalhamos sério para que os acertos superem os erros em frequência e intensidade; algo que, felizmente, tem acontecido desde a fundação da Empiricus, em 2009.

Neste ponto, você pode manifestar curiosidade pela pergunta: e qual é a próxima grande aposta da casa? Eu e

Felipe pretendíamos publicar um sumário de nossa nova tese no segundo semestre de 2015. Esforçamo-nos para isso. Planejamos o conteúdo e chegamos a escrever quase todas as partes. Não deu tempo. Foi então que resolvemos equiparar a falta anterior com a publicação deste livro. Vejamos o que nos aguarda nos próximos dez capítulos.

Do primeiro ao sexto, Felipe apresenta um estudo crítico sobre a atuação do Banco Central americano após a crise de 2008/2009. Num primeiro momento, a política monetária superexpansiva do Fed, de juros nulos, pareceu resolver os principais problemas dos EUA, reduzindo pela metade a taxa de desemprego no país.

O segundo momento só chegou agora, trazendo consigo duas dúvidas existenciais. Nunca estivemos em situação semelhante; portanto, não sabemos se a economia americana continuará seu processo de recuperação agora que os juros voltaram a subir e agora que o dólar se valoriza frente às principais moedas globais.

Em paralelo, a salvação artificial dos EUA transbordou em sérias dificuldades para Europa, Japão e China. Estamos quase nos acostumando com o baixo crescimento europeu ou japonês. Em se tratando de China, porém, um avanço anual do PIB da ordem de 5% produz medo – um medo por ora captado pelo mercado de *commodities*, e capaz de se tornar difuso.

É sempre difícil contar uma história enquanto ela acontece. A crise da Grécia, embora preocupante, não materializou os temores mais críticos de *Grexit* – a potencial saída da Zona do Euro. No momento em que redijo este prefácio, não há como saber se o caso da China será semelhante ao da Grécia ou mesmo ao do banco Lehman Brothers. Afinal, 5% ao ano ainda é um belo crescimento para nos apaziguarmos. Contudo, a dívida chinesa próxima de 300% do PIB também é um belo endividamento. A história econômica nos ensina que as disputas épicas entre crescimento e endividamento costumam se decidir pela vitória do último.

Do sétimo ao décimo capítulo, conhecemos os quatro ensaios que coroam a práxis de *A Palavra do*

Estrategista; ou seja, coroaram um raro casamento entre teoria e prática financeira.

Poderia o leitor imaginar que as ilhas da Micronésia, tão espremidas, redundariam em três dicas de papéis listados na Bolsa brasileira? Ou que, se alinharmos seis bilhões de macacos em frente a uma tela de computador e um sistema QWERT, um deles produzirá *Os Lusíadas* e outro recomendará o investimento em NTN-Bs 2019?

Na maior parte das vezes, porém, palavras dispostas aleatoriamente não encontram sentido. A aleatoriedade queima páginas em branco, mas não escreve livros. A história – aquela mesma que nega as coisas certas – se faz verdade pela teimosia dos estrategistas.

Rodolfo Amstalden
Sócio-fundador da Empiricus

Capítulo 1

O bode expiatório moderno

No Brasil, até o passado é incerto. A frase, eternizada por Pedro Malan, resume nossa capacidade de alterar, subitamente, as regras do jogo.

A afirmação encaixa-se com precisão cirúrgica, por exemplo, na emblemática MP 579 (algoz do setor elétrico em 2012) e nas contingências, ressuscitadas periodicamente, do setor bancário relativas a modificações nos planos econômicos anteriores ao Real. A chamada "incerteza jurisdicional" foi sempre uma certeza por aqui. E ganhou contornos ainda mais problemáticos com o ensaio nacional-desenvolvimentista e a tentativa de se estabelecer um Capitalismo de Estado no primeiro governo Dilma.

Os fatos impuseram-se à ideologia. Para evitar *O fim da História*[1], na terminologia de Fukuyama, surgiu a antítese ortodoxa à tese desenvolvimentista: Joaquim Levy à frente do ministério da Fazenda.

Com um *Chicago boy*, no comando da economia, o segundo mandato de Dilma, supostamente, buscaria a preservação e a transparência das regras do jogo. Era a esperança inicial. Rapidamente, porém, o otimismo foi colocado em xeque.

O desrespeito aos contratos e ao arcabouço institucional manifestou-se uma vez mais. Quando todos achavam

---

[1] Artigo publicado por Francis Fukiyama, em 1989, que interpreta a História sob uma perspectiva da dialética hegeliana. O curso da História se daria sempre a partir de uma tese, à qual se oporia uma antítese. Desse embate, nasceria uma síntese, transformada em tese no período posterior. A hegemonia incontestável alcançada pela síntese da democracia liberal, para a qual deixou de existir antítese, representaria *O Fim da História*.

que havíamos superado as mazelas da intervenção governamental intempestiva e truculenta, nos últimos dias de 2014, o Governo baixou duas novas portarias. A primeira estabelecia uma nota de corte no Enem (Exame Nacional do Ensino Médio), de 450 pontos, para que os alunos pudessem ter acesso ao FIES (Financiamento estudantil com juros subsidiados).

Em paralelo, foi alterada a periodicidade da recompra dos créditos do FIES no ano. Em vez de repassar mensalmente os créditos às empresas, a portaria estendia o prazo para 45 dias. Dessa forma, para cada ano cheio, as companhias do setor passariam a receber por apenas oito meses, deixando descobertos os outros quatro, para crédito somente no ano seguinte. Ao mesmo tempo em que o governo anunciava, em cadeia nacional, seu novo lema "Brasil, Pátria Educadora", restringia o acesso ao crédito estudantil e impunha portarias recebidas com gostinho de quebra de contrato.

O setor educacional, até então incólume à espada de Dâmocles da intervenção governamental e queridinho dos investidores do Oiapoque ao Chuí (suas ações representaram as maiores valorizações da Bovespa em 2012 e 2013), passou a conviver com uma necessidade de capital de giro muito superior e totalmente inesperada. O último reduto perdeu o selo de porto seguro em Bolsa.

A queda das ações do setor beirou 60% – caso dos papéis da Ser Educacional – apenas em reação àquilo que batizei de MP 579, versão Pátria Educadora. A perplexidade foi tal que questionou-se, inclusive, a redação do texto. A edição do jornal Valor Econômico de 8 de janeiro, estava mesmo certa: "Inicialmente, o mercado avaliou até mesmo que teria havido um erro de redação das normas." Notícia ruim: não havia erro na redação.

A truculência na maneira de intervenção mostra que, infelizmente, não aprendemos. Nem mesmo as forças *levyanas* de Chicago foram capazes de impedir o excesso de intervenção e a mudanças destemperadas nas regras do jogo. A falsa sensação de que o passado poderia servir de guia foi abruptamente interrompida por uma única novidade. Anos e anos de informação reforçando o viés favorável ao investimento em ações do setor educacional foram quebrados pela chegada de uma nova medida.

Não estamos sozinhos

Há um alento. Essa falsa segurança associada ao passado e sua aparente estabilidade não é exclusividade brasileira. No Brasil, talvez o problema ganhe um viés único, relacionado à falta de robustez das instituições. Entretanto, a questão é muito mais abrangente, encontrando substância na Filosofia e na Psicologia. A falácia lógica, de que se infere para o futuro um padrão de comportamento semelhante ao passado, encontra fundamentação no "problema da indução", atribuído a David Hume.

Indutivo é o método de raciocínio que parte do particular para o geral e cujas premissas possuem caráter menos geral do que conclusivo. Ou, ainda, o processo de raciocínio que caminha da observação de eventos verificados na experiência para articulá-los numa só explicação completa e abrangente, em forma de lei universal. Com esse método, a partir da identificação de um determinado padrão de comportamento, inferimos que aquilo transborda do momentâneo ao perene, do idiossincrático ao geral.

No limite, é comum um cidadão do interior de Goiás, tendo apenas conversado com brasileiros em seus 82 anos de idade, concluir que todos os seres humanos falam português. A partir da indução, generalizam-se propriedades particulares de uma substância ou de um fenômeno. Os argumentos indutivos não são dedutivamente válidos e a conclusão não é uma sequência lógica das premissas. Estas apenas fornecem indícios que apontam para a conclusão mais correta (embora não necessariamente a certa). A pressuposição de que os eventos no futuro serão semelhantes ao padrão de comportamento passado é um exemplo canônico de argumento indutivo. O fato de, até hoje, só termos observado cisnes brancos não significa a inexistência de cisnes negros à frente. A história em favor do financiamento irrestrito e barato a todos os alunos do Enem parece durar para sempre, até que surja uma nova portaria do MEC mudando a dinâmica.

Evidentemente, o racional indutivo pode funcionar em muitas situações. Todavia, o método possui falhas elementares e chacoalha a lógica formal, como demonstra o argumento anterior. A filosofia da ciência exige o endereçamento do problema da indução. Com efeito, a resposta epistemológica à questão foi formulada por Karl Popper, por volta de 1930, sintetizada em sua falseabilidade ou refutabilidade. Os ensinamentos de Popper demonstram como uma afirmação ou uma teoria deve carregar consigo a capacidade de ser provada falsa.

Uma teoria jamais poderá ser aceita como verdadeira, por mais que cheguem novas informações referendando a tese original. O máximo a ser conseguido por uma teoria é não ser rejeitada (falseada ou refutada). Se você afirma que todos os cisnes são brancos, mesmo que veja um milhão de cisnes dessa cor, não há certeza de que a frase é correta. Basta uma única nova informação, apenas um cisne negro, para que a teoria e todas as evidências anteriores sejam jogadas fora. O sapo que conclui que não há qualquer problema quando a água vai, vagarosamente, esquentando acaba surpreendido pelo fervor e paga com a própria vida.

Teses jamais são provadas ou aceitas; elas são apenas rejeitadas ou não. Qualquer racional indutivo do passado para o futuro, portanto, carece de certeza. Aceita-se uma teoria a partir de um determinado número de evidências, sendo que uma única informação contrária pode derrubá-la. De novo, as teorias não podem ser aceitas; elas simplesmente ainda não foram rejeitadas. Se suas conclusões apoiam-se apenas no passado e na repetição de comportamentos pregressos, você jamais estará preparado para enfrentar um fato novo, algo não contemplado pela indução.

O grande problema para o nosso caso: em economia e finanças, os maiores acontecimentos, aqueles que geram fortunas ou ruínas, teimam em desobedecer o método indutivo. Eles são mesmo raros, imprevisíveis e de alto impacto. A assertiva deriva estritamente do bom senso. As grandes variações de preços de ativos e patrimônios não podem estar previstas pelo consenso de mercado – se a expectativa já está devidamente contemplada nos preços, quando se materializa – não altera a cotação dos títulos, das ações ou a riqueza. As grandes mudanças – valorizações ou desvalorizações – estão associadas a eventos inesperados.

A afirmação acima explica a analogia que Nassim Taleb faz com os "cisnes negros" – termo usado em referência aos eventos considerados raros, imprevisíveis e de enorme impacto. Não estamos, evidentemente, interessados em ornitologia, ciência que estuda as aves. O caso é emblemático, pois serve à importante questão epistemológica.

Até a descoberta da Austrália, predominava na Europa a crença de que todos os cisnes eram brancos – a teoria era ratificada por contundente evidência empírica. Subidamente, porém, a constatação de um único cisne negro foi suficiente para derrubar a crença anterior. O cisne negro virou representação da nossa severa limitação de aprendizado a partir da observação/experiência e da fragilidade do conhecimento apoiado no passado.

Citando Taleb, *ipsis litteris*: "Uma única observação pode invalidar uma afirmação geral derivada de milhões de anos cuja visão confirmava a existência apenas de cisnes brancos."

Buscar, no passado, uma falsa segurança é algo essencialmente humano. Com métodos muitas vezes sofisticados, logo identificamos precisão e estabilidade cirúrgicas no pretérito, por vezes desconectadas da real situação – estabelecemos relações de causa e efeito quando houve, em verdade, apenas a convergência de fatores aleatórios empurrando-nos para um determinado resultado. Se julgamos que o passado foi milimetricamente determinístico, inferimos, de forma equivocada, que assim também será o futuro.

As Finanças Comportamentais, cujo maior expoente é Daniel Kahneman, documentam essa dinâmica, para a qual deu-se o nome de *hindsight bias* (viés de retrospectiva). Uma espécie de tendência de se observar um fenômeno e achar que se sabia do resultado desde o começo. Como se Chapolin Colorado pudesse escrever a história através de seu famigerado "suspeitei desde o princípio". Depois – e somente depois – de ocorrido, o evento parece totalmente óbvio.

Qualificando um pouco mais, o *hindsight bias* envolve ao menos um dos três elementos: i) distorções de memória; ii) crenças a respeito da probabilidade objetiva de ocorrência de um evento; e iii) confiança superior à efetiva na capacidade individual de fazer previsões. Um sujeito compra uma ação (ou um título qualquer) por motivo X. Ela acaba subindo pelo motivo Y. Ele se acha um gênio investidor, pois julga sua decisão pelo resultado, não pelo processo. Ou, na linguagem das mesas redondas de domingo à noite, o treinador de futebol faz uma substituição totalmente sem sentido, colocando em campo um jogador para melhorar a marcação de seu time, quando mais precisava ir ao ataque. O jogador entrante marca um gol de falta e o técnico vira herói. O resultado esconde uma decisão absurda, simplesmente porque acabou se materializando o evento mais improvável. A história só é contada pelo que, de fato, aconteceu, e não pelo que poderia ter acontecido. A decisão do treinador foi tomada *a priori*, submetida a uma determinada disponibilidade de informações. A assertividade da substituição, porém, acaba sendo julgada *a posteriori*, quando já sabemos o resultado dos fatos.

Como se estimulados pelo materialismo histórico hegeliano, assumimos tentativas de explicar o passado focando em grandes eventos culturais e sociais, ou nos mais representativos desenvolvimentos tecnológicos, ou, ainda, nas excepcionais habilidades de algumas pessoas em particular.

Nas palavras de Daniel Kahneman:

> A ideia de que grandes eventos históricos são determinados pela sorte é profundamente chocante, embora demonstravelmente

verdadeira. É difícil pensarmos na história do século XX, incluindo seus grandes movimentos sociais, sem trazer à mesa Hitler, Stalin e Mao Tsé-Tung. Mas houve um momento, pouco antes de um óvulo ser fecundado, em que a probabilidade de Hitler nascer mulher era de 50%. Compondo os três eventos (Hitler, Stalin e Mao), a probabilidade de que o século XX não tivesse qualquer uma dessas três figuras era de 1/8.

É impossível afirmar que a história seria a mesma sem algum desses personagens. "A fecundação desses três óvulos teve consequências substanciais e zomba da ideia de que desenvolvimentos de longo prazo são previsíveis."

O viés de retrospectiva guarda relação íntima com a capacidade do acaso nos iludir, emprestando outra expressão de Nassim Taleb, para definir a insistente prática de confundir aleatoriedade com determinismo. Seres humanos subestimam o caráter randômico do mundo, tentando atribuir-lhe aleatoridade inferior à real. Superestimam a causalidade e supostas explicações para eventos simplesmente derivados do acaso. O elo entre Nassim Taleb e as Finanças Comportamentais é tão vigoroso que o próprio Daniel Kahneman escreveu (tradução livre):

> O *trader*, filósofo e estatístico Nassim Taleb poderia também ser considerado um psicólogo. No seu livro *The Black Swan*, Taleb introduziu a noção de falácia da narrativa para descrever como falsas versões do passado moldam nossas visões do mundo e nossa expectativa sobre o futuro. Falácias da narrativa emergem inevitavelmente de nossa contínua tentativa de dar um sentido ao mundo. Taleb sugere que nós, humanos, constantemente nos enganamos, construindo justificativas frágeis para o passado e acreditando que elas são verdadeiras.

A parábola clássica para a capacidade de falsas evidências transformarem, através de "crescente confiança estatística", dados passados concretos em suposições acerca do comportamento futuro, é a do peru de Natal, originalmente apresentada por Bertrand Russell e resgatada por Taleb. Na versão inicial, é o peru de Ação de Graças; aqui traduzimos para o caso brasileiro mais típico). Depois de ser alimentado de forma constante e invariável por 360 dias do ano, o bicho, crente na amizade de seus donos e iludido pelas informações passadas, vira o próprio jantar de Natal, quando mais acreditava nas boas intenções da família. Um único evento, que não parecia fazer parte do rol de possibilidades até aquele 24 de dezembro, tirou a vida do peru, depois de uma saúde irrepreensível e sinais incontestáveis de uma relação inabalável com os humanos.

Do peru às finanças, o passado muito tranquilo pode também ensejar inferências precipitadas sobre o futuro. A partir do histórico, simplesmente pulamos para a conclusão sobre o comportamento futuro. Essa tendência de ir direto à conclusão deriva da facilidade que temos de achar que o que vemos é tudo que existe. Daniel Kahneman resume o argumento com o acrônimo WYSIATI (*What You See Is All There Is*); ou seja, o que você vê é tudo que existe. Fica a pergunta: Se estamos vendo evidências em favor da saúde do peru, isso é tudo? Agora repare na figura abaixo e assuma que somos capazes de ver apenas as barras crescentes.

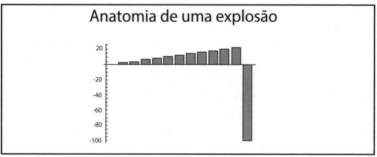

Fonte: Empiricus Research.

O que teria acontecido se, recorrendo à indução, concluíssemos que o que víamos era tudo que existia? Incorreríamos no que Nassim Taleb chama de anatomia de uma explosão, com lucros de uma vida inteira sendo devolvidos em um único ano (O caso é real e se refere aos resultados de um banco norte-americano até o estouro da bolha imobiliária em 2008). Para o caso da metáfora com o jantar de Natal, temos:

Fonte: Empiricus Research.

Por que isso agora?

Qual a relação desse preâmbulo com a situação atual da economia global? A resposta é simples e direta: todos nós, pagadores de impostos e investidores, estamos vivendo a situação supracitada, sendo os perus de Natal alimentados pela ração cotidiana dos bancos centrais. O argumento exige contextualização. Desde o estouro da bolha imobiliária nos EUA, na crise de 2007/2008, cujo ápice é a quebra do centenário banco Lehman Brothers, as autoridades monetárias têm reagido com injeções cavalares de moeda na economia. Com a implosão do setor imobiliário norte-americano, famílias quebraram – inicialmente, apenas nos EUA, mas depois também no resto do mundo. Num segundo momento, empresas quebraram. E, por fim, chegamos a uma crise soberana, em que os próprios países quebraram, com características mais traumáticas em Grécia, Chipre, Irlanda, Espanha e Portugal.

O excesso de crédito e o endividamento observados com a bolha imobiliária norte-americana foram absorvidos pelos bancos centrais, que reagiram à perda de capacidade de consumo e crédito através da multiplicação de seus respectivos balanços, por meio da impressão de dinheiro. A resposta à destruição generalizada de riqueza e à interrupção do crédito foi a injeção de divisas no sistema, em quantidades sem precedentes. O procedimento foi, inicialmente, adotado nos EUA, rendendo ao seu banqueiro central o apelido de *Helicopter Ben*. O Sr. Bernanke estaria disposto a distribuir dinheiro de helicóptero para evitar uma grande depressão nos EUA.

O Banco Central dos EUA imprimia dólares e os colocava no sistema através da compra maciça de títulos nos EUA, sobretudo aqueles de longo prazo. Isso derrubaria as taxas de juros mais longas, estimulando novamente o mercado imobiliário (sensível a essa variável), criando um efeito-riqueza positivo (os ativos financeiros tenderiam à valorização, dada a demanda compulsória do Federal Reserve) e resolvendo o problema de empoçamento de liquidez (o dinheiro voltaria a fluir com trilhões sendo despejados no sistema). O Fed tomara para si os problemas da sociedade. O gráfico abaixo representa o balanço do Banco Central dos EUA, ilustrando o tamanho da emissão de moeda desde 2008, levando o total de obrigações a inimagináveis US$ 4,5 trilhões:

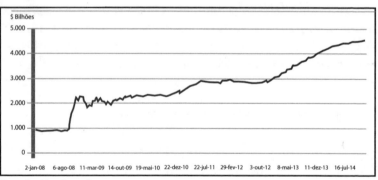

Fonte: Empiricus Research.

Comportamento semelhante pode ser observado quando replicamos o mesmo gráfico para outros bancos centrais. Primeiramente, apresentamos a injeção de liquidez do Banco da Inglaterra e, posteriormente, uma imagem agregando também Banco Central Europeu e o Central do Japão.

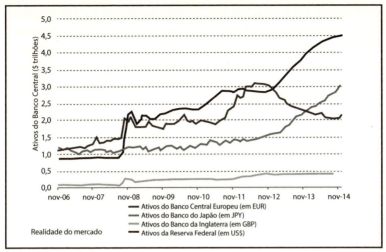

Fonte: Empiricus Research.

Os dados ainda não contemplam a injeção de liquidez anunciada pelo BCE em 2015, estritamente por uma questão temporal. O Banco Central Europeu também passa por processo de multiplicação de seu balanço, após ter anunciado, em janeiro de 2015, um programa de recompra de títulos da ordem de 1,1 trilhão de euros, a ser implementado até 2016. A dinâmica acontece em abrangência global e em intensidade sem precedentes – não há um único momento da história em que o balanço dos bancos centrais tenha chegado a um nível próximo do atual.

Bancos centrais não são bodes expiatórios

A parábola do bode expiatório aparece em Levítico, capítulo 1, versículos 15 e 16:

> Depois degolará o bode, da expiação, que será pelo povo, e trará o seu sangue para dentro do véu; e fará com o seu sangue como fez com o sangue do novilho, e o espargirá sobre o propiciatório, e perante a face do propiciatório. Assim fará expiação pelo santuário por causa da sujeira dos filhos de Israel e das suas transgressões, e de todos os seus pecados; e assim fará para a tenda da congregação que reside com eles no meio das suas imundícias.

Na narrativa, o bode, na festa judaica do Yom Kippur, no Dia da Expiação, recebia sobre si a confissão de todas as culpas do povo e era deixado só no deserto. A figura do bode expiatório, tipologicamente, é a representação do Messias, que autossacrifica-se ao chamar para si todos os pecados da humanidade.

Metaforicamente, desde a crise de 2008, os bancos centrais têm assumido para si a figura de Messias, como se pudessem salvar indivíduos e empresas pelos excessos associados ao crédito, à tomada de riscos e à alavancagem. O ponto nevrálgico aqui é que os Bancos Centrais não podem ser sacrificados. Eles não morrerão levando consigo todos os pecados da humanidade. A sociedade não pode transferir seus problemas aos bancos centrais e admitir que eles simplesmente desaparecerão. Todas as mazelas continuam lá, carregadas nos balanços das autoridades monetárias. Cedo ou tarde, voltarão à própria sociedade, em versão piorada. Há uma falsa sensação, alimentada por juros zerados (ou até mesmo negativos) e liquidez sem precedentes, de que a mera transferência dos "pecados" aos bancos centrais representa sua extinção, quando, na verdade, não pode haver o sacrifício desse Messias. "Matar os bancos centrais" representaria a falência de todo o sistema monetário. Ainda que pareça provável a ideia de que BCs e moeda fiduciária sairão da crise enfraquecidos, será a própria sociedade quem pagará por seus deslizes. Os bancos centrais não podem ser simplesmente abandonados no deserto e, com isso, arrastar para longe os pecados da humanidade. A situação do balanço dos bancos centrais é insustentável. Com a impressão de moeda em volumes nunca imaginados, há uma bomba nas mãos das autoridades monetárias a ser desarmada.

Cresce a preocupação de grandes financistas a respeito. Em entrevista concedida em fevereiro de 2015, por exemplo, o megainvestidor Marc Faber afirmou que o ano pode ser marcado pela perda generalizada da confiança de investidores, *traders* e cidadãos comuns nos bancos centrais em todo o mundo. Segundo Faber, estamos entrando numa nova era, marcada pela redução da relevância da moeda fiduciária e por uma reavaliação global da visão sobre o ouro. Em seu relatório mensal *The Gloom, Boom & Doom*, Faber já havia escrito:

> Se os bancos centrais fossem companhias abertas e tivessem suas ações listadas em Bolsa, eu as classificaria como as melhores ações para se *shortear* (vender, apostar na queda). Entretanto, dadas as atuais circunstâncias, *shortear* os BCs diretamente não é possível; a alternativa é carregar ouro físico e ações de mineradoras de ouro, além de outros metais preciosos.

Voltando um pouco no tempo, no ano de 2010 o então ministro Guido Mantega popularizou o termo "guerra cambial", em alusão à tentativa dos bancos centrais, sobretudo dos países desenvolvidos, de salvar suas respectivas economias através da emissão de moedas. A medida desvalorizaria essas divisas, facilitando as exportações dos países desenvolvidos, e apreciaria o câmbio dos países emergentes. O ex-ministro Mantega estava certo no termo, e errado na explicação. Olhando o nível atingido pela emissão de moeda e como a dinâmica foi feita de forma coordenada e global, não se pode caracterizar propriamente uma guerra entre as taxas de câmbio. A guerra é de todas as moedas juntas, em favor do desapego a qualquer referência tangível. Todas as autoridades monetárias relevantes, no mundo inteiro, seguiram rigorosamente o mesmo caminho. Podemos estar na iminência do fim de uma era, aquela em que a credibilidade incontestável dos bancos centrais foi destruída pela impressão descoordenada de moeda nos países desenvolvidos.

Lendo o que nunca foi lido

Longos períodos de liquidez elevada e juros excepcionalmente baixos estimulam a tomada de riscos e alavancagem além do razoável. Para sair do furacão de 2008, o estímulo à assunção desproporcional de risco foi deliberado. Estávamos à beira do colapso do sistema financeiro e não tínhamos outra saída. Precisávamos do espírito animal – e não da racionalidade – de empresários e emprestadores, para recuperar os investimentos e o mercado de crédito.

Conforme definiu o economista Hyman Minsky, em sua tese de instabilidade financeira, durante os períodos prolongados de estabilidade, bancos, firmas e outros agentes econômicos tornam-se complacentes na tomada de riscos. Ou, na versão Paulinho da Viola, "dinheiro na mão é vendaval". A dedução é a de que os bons tempos durarão para sempre e, então, tomam-se riscos cada vez maiores. Esses movimentos são estimulados pelo aumento da liquidez e juros baixos. Assim, as origens da próxima crise estão semeadas. O ápice do problema seria representado pelo *Minsky Moment*, quando preços de ativos começam a cair e bancos e emprestadores em geral percebem que o tamanho da dívida no sistema tornou-se impagável.

Durante muito tempo, Hyman Minsky esteve à margem do debate central entre os economistas. Com o estouro da bolha imobiliária, nos EUA, em 2007 e 2008, após anos da "grande moderação" (nome atribuído ao extenso período de baixa volatilidade da inflação e do crescimento do PIB), Minsky ganhou notoriedade. Suas ideias passaram a ser citadas por Janet Yellen (Presidente do Federal Reserval) e Mervyn King (Presidente do Banco da Inglaterra), por exemplo. O prêmio Nobel de Economia, Paul Krugman participou de conferência na London School of Economics cujo título foi: *The night they reread Minsky* (A noite em que releram Minsky), cobrando a montagem de um modelo econômico que pudesse antecipar o *Minsky Moment*, o ponto em que chamadas de margens catalisam desalavancagem generalizada do sistema. A estabilidade criada pelo longo período de dinheiro barato e abundante suprime a volatilidade e, por conseguinte, cria riscos ocultos. As condições estão dadas para o Minsky Moment e/ou para um cisne negro capaz de transformar toda a calmaria em grande tempestade. A própria estabilidade artificial cria uma instabilidade futura.

A ilusão mencionada no parágrafo anterior encontra evidências, por exemplo, no descolamento do preço dos ativos financeiros em relação a seus fundamentos econômicos. O dinheiro barato, por tempo e volume sem precedentes, alimenta a tomada de riscos excessivos. A consequência imediata é o apreçamento de ativos financeiros em níveis superiores àqueles condizentes com realidade econômica e financeira. Há evidências explícitas do argumento, tanto nos mercados de renda fixa quanto no de ações. Os juros dos títulos soberanos negociados no mercado secundário atingiram em 2015, mínimas históricas e renovaram pisos antes sequer considerados plausíveis. Em paralelo, os índices de ações dos EUA, por exemplo, marcaram máximas atrás de máximas. O gráfico a seguir mostra a escalada praticamente contínua do S&P 500, principal índice de ações norte-americano ao longo dos últimos anos:

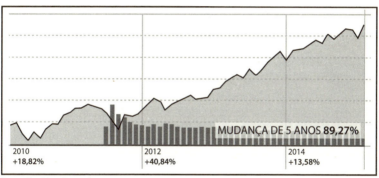

Fonte: Empiricus Research.

A simples derivação lógica dessa dinâmica gera questionamento intrigante. Ora, se existe relação intrínseca entre os ativos financeiros e a realidade da economia, então, se os ativos financeiros, em geral, estão em suas máximas históricas, deve-se supor que a economia como um todo caminha bem. No plano particular, se a ação de uma determinada empresa está muito cara, imagina-se que os lucros daquela respectiva companhia devam estar pujantes (agora ou à frente). Portanto, para justificar ativos de risco com o nível mais alto da história, deve-se supor uma economia, ao menos, em crescimento razoável e/ou com perspectiva de excelente recuperação. E se a economia caminha ou caminhará bem à frente, não precisa de tamanha ajuda dos bancos centrais. Sobram, portanto, duas alternativas: ou vivemos uma enorme bolha do preço dos ativos em âmbito global, estimulada pelos bancos centrais, ou viveremos uma destacada recuperação da economia no futuro.

Infelizmente, a aposta no crescimento vigoroso nos próximos anos parece não encontrar respaldo na evidência empírica. A desaceleração da China, que vinha sendo a grande responsável pelo crescimento mundial, é notável e a hipótese de um pouso forçado começa a ser ventilada com mais vigor. A Europa não consegue retomar crescimento há anos. E o Japão alterna longos períodos de recessão com pequenos vôos de galinha de incremento do PIB. O X marcado no gráfico abaixo, extraído da biblioteca do www.zerohedge.com, endereça, apropriadamente, a questão e afasta qualquer dúvida remanescente. O descolamento entre as ações e a perspectiva de crescimento da economia mundial é gritante.

Fonte: Empiricus Research.

Na linha preta do gráfico anterior, um índice global de ações; na cinza, a expectativa para o crescimento econômico mundial.

Outra forma de notar o X é a *performance* das ações nos EUA (S&P 500), comparada ao desempenho macroeconômico do País e à perspectiva de avanço dos lucros corporativos.

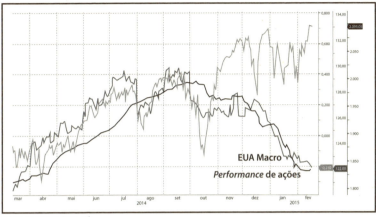

Fonte: Empiricus Research.

A hipótese de uma grande bolha emerge como mais plausível e é reforçada quando adicionamos métricas de apreçamento de ativos ou comparamos o nível do descolamento entre ativos financeiros e economia real. Eis o que o dinheiro barato faz com o preço das ações:

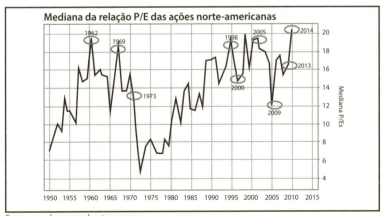

Fonte: www.bonnerandpartners.com.

A mediana da relação **preço** sobre **lucro** das ações norte-americanas, referência canônica para o nível geral de apreçamento, atingiu sua máxima histórica em 2014. Nunca houve em toda a história um momento sequer em que as ações nos EUA estivessem tão caras. Obviamente, isso não é bom sinal. Investidores ignoram a máxima de que altos retornos, tipicamente, derivam da decisão de compra a preços baixos. E, de maneira análoga, baixos rendimentos decorrem da aquisição a preços elevados. A lógica financeira de se comprar barato para tentar vender caro foi simplesmente abandonada diante do estímulo, deliberado ou não, de se tomar riscos excessivos. A comparação entre a capitalização de mercado das empresas do índice S&P 500 e o PIB dos EUA referenda rigorosamente a mesma conclusão:

Fonte: Streettalklive.com.

Em resumo, o preço dos ativos está descolado dos fundamentos da economia. Isso ocorre por um único mecanismo: a impressão de dinheiro pelos bancos centrais.

Warren Buffett, possivelmente o maior investidor em renda variável de todos os tempos, tem uma frase clássica, de que "se os negócios vão bem, inevitavelmente, ao final, as ações seguirão o mesmo caminho." Adaptando o racional para o contexto corrente, se a economia não vai bem, as ações (e todos os demais ativos de risco), ao final, também deverão seguir um caminho obscuro. Haverá um momento de Minsky. Como e quando ele acontecerá, infelizmente, não temos como saber. Conforme já dito, estamos em terra fértil para os cisnes negros, onde a volatilidade foi suprimida e há riscos escondidos sob o tapete da liquidez descomedida.

Por definição, os cisnes negros são imprevisíveis. Portanto, não dispomos de meios para antever quando e o que catalisará a crise. Sabemos, porém, que as condições estão dadas para sua formação e seu desenvolvimento. Em função do nível de alavancagem do sistema e da complacência na assunção de riscos, as consequências podem ser devastadoras. Entre as mais prováveis, apontam-se: i) crises de dívida soberana e desvalorização abrupta das moedas de países emergentes, a exemplo da ocorrida ao final de 2014 na Rússia, quando em apenas um dia o rublo chegou a perder 20% contra o dólar; e ii) insolvência de bancos alavancados, com consequências sistêmicas pronunciadas. É fundamental que se tenha em mente o tamanho do problema. Por simples derivação lógica, falamos da maior de todas as bolhas. Ora, se a crise de 2008 representava até então a maior bolha de ativos da história, a atual será ainda mais intensa. Os bancos centrais tomaram para si a integralidade do problema de 2008 e ainda adicionaram trilhões ao sistema. Temos, portanto, o mesmo fantasma anterior (até então o maior de todos) ressuscitado, acrescido da enorme quantia de dinheiro impressa nos programas de afrouxamento monetário adotados nos últimos anos. O gráfico a seguir, da revista *The Economist*, resume o incremento da dívida como percentual do PIB de diversos países desde 2007 – no nível global, a dívida total aumentou em US$ 57 trilhões de 2007 a 2014 – e ilustra com precisão o quão mais frágil estamos para enfrentarmos uma eventual interrupção súbita do crédito e das atuais condições de liquidez.

Fonte: Mckinsey Global Institute.

Os desdobramentos, porém, podem ir muito além de crises soberanas pontuais, *overshooting* de moedas de países emergentes ou problemas bancários. O eventual estouro da bolha em curso poderia catalisar acontecimentos totalmente fora do radar. O desmantelamento da Zona do Euro seria uma das possibilidades – a discussão sobre a saída ou não da Grécia foi o grande tema do início de 2015, quando da eleição do partido antiausteridade Syriza, mas poderia ser qualquer outro país periférico. O problema da Europa é estrutural e o eventual *Minsky Moment,* que forçaria a desalavancagem na região, guarda potencial para catalisar a ruptura da União Europeia.

A questão da Zona do Euro não está restrita às fragilidades pontuais da Grécia e à convivência daquele país, durante anos, de uma forma muito acima de suas possibilidades. Como se a indisciplina fiscal e a ausência de reformas fossem uma exclusividade grega... Não se trata disso. A própria estrutura da União Europeia é uma excrescência. Uma área monetária comum, tal como a Zona do Euro, só funciona se acompanhada, necessariamente, de uma política fiscal também comum. Na concepção original de Robert Mundell, a respeito da "zona monetária ótima", aparece a noção de que seu funcionamento adequado exige flexibilidade do mercado de trabalho e integração fiscal – algo que não está presente na Europa hoje. Exatamente conforme prevê o livro-texto, cada choque acentua as diferentes posições de países a respeito da adequação da política monetária comum. A União Europeia é, por essência, vulnerável a grandes rupturas. Sem uma unidade fiscal, há sempre a possibilidade de que, num país periférico, sob o governo de um partido político antiausteridade, os gastos sejam superiores à arrecadação. E qual é a resposta supranacional à gastança individual na periferia? Ampliação da dívida e mais emissão de moeda. Essa complacência da irresponsabilidade fiscal incentiva a convivência com níveis de poupança pública inferiores ao necessário, estimulando uma segunda rodada de excessos. Se ninguém é punido por viver acima de suas possibilidades, perdura-se o mesmo comportamento. Cria-se um círculo virtuoso estimulando o desrespeito à austeridade.

Em paralelo à questão fiscal estrita, reúnem-se, sob o guarda-chuva do euro, diferentes níveis de produtividade. Sem a possibilidade, por exemplo, de que alterações de produtividade num determinado país sejam incorporadas à sua taxa de câmbio (por definição, uma variável supranacional), os desequilíbrios estruturais tendem a perdurar e a intensificar-se. A resposta de longo prazo parece inexorável: o desmantelamento da Zona do Euro. Dada a pressão antiausteridade crescente na Grécia, mesmo na Espanha, na Itália e, em alguma instância, na França, uma súbita e dramática interrupção das condições de liquidez pode ser apenas a catálise do processo.

A locomotiva do mundo pode parar

Quer outro exemplo de país que seria frontalmente afetado pela possível alteração das condições de liquidez global? A China convive com problemas estruturais domésticos desde a crise de 2008 e uma interrupção dos fluxos de capitais poderia representar a agulha em direção às bolhas locais, de crédito e imobiliária. Até 2008, a China vivia claramente um modelo de *export-led growth*, ou seja, seu crescimento econômico era puxado pelas vendas ao resto do mundo. Beneficiada por um câmbio artificialmente desvalorizado e por baixos salários reais (custos unitários baixos para seus produtos), a China virou a indústria do mundo, exportando seus manufaturados, sobretudo para EUA e Europa. Após a quebra da instituição Lehman Brothers e a consequente convalescência da demanda externa, o País se viu obrigado a alterar seu modelo econômico. A China também viveu uma espécie de "nova matriz econômica"[2]. O foco nas exportações deu lugar a mais consumo e investimento domésticos, alimentados por muito gasto público e crédito subsidiado. Para manter o crescimento em ritmo elevado e inibir a pressão social, o país colocou-se acima de suas possibilidades. Era questão de tempo para o surgimento de desequilíbrios. Os efeitos colaterais mais imediatos são aumento do endividamento e bolhas de crédito e imobiliária.

Às vésperas do estouro da crise do *subprime*, o setor de construção civil respondia por 16% do crescimento do PIB norte-americano. Na China, o segmento respondeu, entre 2011 e 2014, por impressionantes 50% da expansão do PIB. Outra evidência da bolha imobiliária local se refere ao descompasso entre a renda e o preço dos imóveis. No auge do *subprime*, o cidadão norte-americano típico precisava de 4,3 anos de sua renda para comprar uma casa. Na China, são necessários, em média, 18 anos. E para atestar a desproporção assumida pelo nível de alavancagem, vale observar o gráfico a seguir, com a relação crédito sobre PIB de diversos países entre 2004 e 2014:

---

[2] Termo usado em referência à política econômica adotada no Brasil após 2009 e caracterizada por maior intervenção do Estado na economia e adoção de medidas heterodoxas.

Fonte: Bank for International Settlemeants; People's Bank of China; Federal Reserve Board; National Sources.

Cuidado com o que você deseja ou a Senhora está sendo Levyana

Tradicionalmente, o Brasil é percebido como uma economia de beta alto. Isso significa que, normalmente, a economia local vai muito bem quando o mundo vai bem. E, de maneira análoga, vai muito mal quando o mundo caminha mal. O mesmo serve para seus ativos financeiros, que pagam muito bem quando o mundo vai bem; e muito mal quando o mundo vai mal. Em uma situação ordinária, portanto, o País já seria bastante afetado por uma crise externa. O momento atual, porém, é particularmente delicado, incapaz de ser explicado apenas pelo componente beta. O Brasil está frágil e um choque externo agora traria consequências traumáticas à economia local, para além dos observados tipicamente ao longo da história.

O parágrafo acima exige melhor explicação. A palavra "frágil" foi usada com sentido específico, em referência à terminologia adotada por Nassim Taleb. Comecemos do básico. O que é frágil? Em linhas gerais, aquilo que se quebra facilmente a partir de um choque. E qual o antônimo de frágil? Pense alguns minutos antes de responder. As respostas mais comuns à indagação são: forte, resistente, resiliente, vigoroso, robusto e seus sinônimos.

Nenhum desses termos representa, adequadamente, o antônimo procurado. Corpos fortes – e afins – simplesmente resistem a um choque. O contrário de negativo não é neutro. É positivo. O contrário de frágil deve ser algo que se beneficia do choque, e não apenas resiste a ele. Sem identificar, em qualquer língua, uma palavra já existente que se encaixasse com propriedade no antônimo requerido, Nassim Taleb cunhou o termo "antifrágil", em referência àquilo que ganha com o choque.

Por definição, o antifrágil gosta da pancada, da ruptura, da incerteza, do desconhecido, da volatilidade. Torce para grandes variações porque elas oferecem uma pequena perda no caso da materialização do cenário negativo, e um grande ganho na ocorrência do cenário positivo. Quanto mais choques, portanto, maiores as chances de um grande ganho. Em meio a várias adversidades e, por conseguinte, pequenos prejuízos, basta um único acerto para um grande lucro, resultando em saldo positivo em termos agregados.

O Brasil representa exatamente o caso da fragilidade. A situação atual faz-nos bastante sensíveis a choques negativos. O País toca um profundo ajuste fiscal e monetário no segundo mandato Dilma, com consequências óbvias sobre a economia, que já vinha de um ano de estagnação do PIB. Os índices de confiança da indústria e do consumo batem, sucessivamente, recordes de baixa. O cenário político dificulta a implementação de reformas estruturais em favor do crescimento de longo prazo. O escândalo do petrolão adiciona incertezas e paralisa a maior empresa do País. E ainda há os eventos de cauda, como a possibilidade de racionamento de água e energia. Diante de quadro interno tão complicado, dificilmente ganharíamos muito no caso de um ciclo positivo da economia mundial. As mazelas domésticas nos impedem de aproveitar de ventos internacionais favoráveis. Temos nossas próprias amarras.

Em contrapartida, em face ao exposto, parece razoável supor que perderíamos muito no caso de uma ruptura externa. E essa é justamente a definição de frágil. Já sofremos fortemente por causa de nossos próprios problemas e uma crise internacional agora nos empurraria para recessão pronunciada. Seremos frontalmente afetados pelo estouro, lá fora, da maior de todas as bolhas e as dificuldades até aqui impostas a Joaquim Levy parecerão pequenas diante do que está por vir. A interrupção súbita de fluxos de capital a países emergentes já é algo devidamente esmiuçado pela literatura econômica. Em artigo de 1998, Guillermo Calvo[3] já havia estudado com profundidade os mecanismos por meio dos quais uma parada intempestiva dos fluxos de capital internacionais pode abalar a capacidade de financiamento externo e o balanço de pagamento dos países emergentes. O documento mostra como essas crises podem acontecer, mesmo quando os déficits em conta corrente são totalmente financiados pelo investimento estrangeiro direto.

O problema agora refere-se ao momento potencialmente traumático da ruptura. O Brasil encerrou o ano de 2014 com déficit em transações correntes de US$ 91 bilhões, um recorde para a série do banco central iniciada em 1947. A cifra representou 4,17% do PIB, o maior desde 2001. Enquanto isso, o investimento estrangeiro direto somou US$ 62,49 bilhões, insuficiente, portanto, para cobrir o rombo nas transações de bens e serviços com o resto do mundo. Isso quer dizer que, para não perdermos reservas em moeda estrangeira, dependemos do capital de curto prazo. De novo, estamos vulneráveis à uma eventual ruptura dos fluxos de capital internacional.

Se houver a fagulha externa, será impossível escaparmos de uma forte desvalorização do real, com o dólar caminhando para perto de R$ 4,00, redução do *rating* soberano para nível inferior ao grau de investimento, aumento dos juros de mercado em títulos brasileiros, sobretudo na ponta longa, e forte queda das ações. Os patrimônios individuais e familiares poderiam sofrer perdas muito superiores àquelas consideradas razoáveis pelos sistemas de gerenciamento de riscos tradicionais, incapazes de contemplar com propriedade a possibilidade de ocorrência de cisnes negros.

Além dos impactos estritamente financeiros, o Brasil, que já vive uma crise econômica caracterizada por recuo do PIB e inflação acima da meta, teria incremento acentuado

---
[3] Capital Flows and Capital-Market Crises: The Simple Economics of Sudden Stops.

do desemprego, queda de salários e piora dos indicadores de distribuição de renda. Em resumo, os avanços sociais conquistados desde o final dos anos 90 estariam sob risco. Num quadro assim, o ajuste fiscal conduzido por Joaquim Levy estaria completamene inviabilizado. A economia entraria em uma dinâmica tão recessiva que seria impossível seguir com mecanismos de contenção da demanda agregada (corte de gastos e subida de juros), necessários à recolocação da economia brasileira na rota em horizontes temporais mais dilatados. Retomaríamos o expansionismo fiscal e a agenda nacional-desenvolvimentista, com resultados desastrosos para a produtividade da economia. Em outras palavras, teríamos intensificado o principal problema da economia brasileira desde 2009: a estagnação da produtividade dos fatores e a consequente restrição à expansão da oferta agregada. E, como acontece com qualquer produto, uma maior demanda agregada precisa ser acompanhada de uma maior oferta, pois se a oferta agregada está fixa e o Governo continua estimulando a demanda, através de maior gasto público e mais crédito, temos apenas duas consequências esperadas: mais inflação e mais déficit em conta corrente (causado pelo incremento das importações para suprir a procura doméstica). Esse é exatamente o cenário que nos espera.

Durante a campanha eleitoral de 2014, a então candidata Dilma Rousseff atribuiu o fraco desempenho do PIB brasileiro, ao longo de todo o seu primeiro mandato, a problemas no exterior. A expressão "a crise vem de fora" foi repetida *ad nauseam*. Vale registrar que o primeiro mandato da presidente Dilma Rousseff representa o terceiro pior crescimento econômico de toda a história republicana brasileira, à frente apenas dos governos Collor e Floriano Peixoto. É sempre bom tomar cuidado com o que se deseja. Seu maior anseio pode se tornar realidade. Ao menos, já há uma desculpa pronta para 2018, quando a candidatura da situação terá de justificar o pior crescimento econômico de toda a história brasileira num intervalo de oito anos.

Capítulo 2

O segundo *round* da crise de 2008. Ou como chegamos até aqui?

A oportunidade de short (aposta na queda dos mercados) atual é tão interessante quanto aquela de 2007-2009. As pessoas estão olhando apenas para o que está acontecendo e acreditando que cada evento é um caso particular, algo isolado. A abrupta valorização do franco suíço ou o derretimento dos preços do petróleo – todos os eventos são vistos como exceção.

Nós usamos toda a artilharia monetária disponível para evitar uma recessão ainda maior em 2007-2009. Então, estamos realmente em perigo para conter os efeitos da desaceleração da China, da queda do preço das commodities, da crise nos países emergentes e da fraqueza das economias centrais.

Este ciclo negativo iminente tem tudo para ser lembrado por 100 anos (...). Infelizmente, esta reversão no otimismo atual causará um grande estrago, justamente porque acontecerá a despeito dos esforços dos bancos centrais, que nada mais poderão fazer.

Para aqueles investidores que não podem montar operações short, simplesmente não há lugar para se esconder. Os ativos de risco serão simplesmente devastados.

As palavras constam em carta aos cotistas, relativa ao mês de janeiro de 2015, escrita por Crispin Odey, bilionário e gestor do fundo *Odey Asset Management*, e resumem a gravidade do problema à frente. O tamanho da oportunidade percebida, pode ser observado no comportamento das principais bolsas mundiais entre 2007 e 2009.

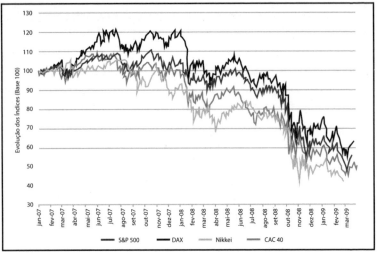

Fonte: Empiricus Research.

Talvez não seja possível entender a situação atual de desproporção entre o balanço dos bancos centrais e o prognóstico de um grande colapso global à frente, sem recuperarmos a crise de 2007/08, iniciada nos EUA a partir do estouro da bolha imobiliária e, posteriormente, espraiada para o resto do mundo com consequências traumáticas. A forte destruição de riqueza causada pela explosão da bolha imobiliária e pelo consequente colapso de Wall Street exigia uma resposta vigorosa dos formuladores de política econômica.

Com efeito, os bancos centrais reagiriam com celeridade e magnitude sem precedentes à chamada Grande Recessão, talvez influenciados pela experiência da grande crise de 1929. Como definiu Affonso Celso Pastore[4], a Grande Depressão (1929) se iniciou com os erros do Fed, na qualidade de emprestador de última instância. Já na Grande Recessão (2007/08), os BCs não podiam cometer o mesmo equívoco.

> Ao contrário, essa função foi exercida com uma intensidade jamais vista na história. (...) A origem da crise remonta ao crescimento excessivo da alavancagem e dos riscos, cujo desenvolvimento foi assistido, passivamente, pelas autoridades e pelos reguladores.

---
4 Ver o livro *Inflação e Crises: o papel da moeda*, capítulo 7: A crise internacional: Estados Unidos e Europa, de Affonso Celso Pastore (Elsevier Academic Press, 2014).

Do ponto de vista pragmático, a resposta iniciou-se com o instrumento tradicional de política monetária, por meio da redução sistemática das taxas básicas de juro, acompanhada também por forte expansão fiscal. Os formuladores de política econômica usaram todos os mecanismos clássicos à disposição, fiscais e monetários, para evitar efeitos ainda mais perversos das crises de crédito e financeira. Levaram as taxas de juro a zero ou até mesmo a níveis negativos.

Em um segundo momento, com juros em seu limite de baixa, e sem observar a devida recuperação da economia, os bancos centrais lançaram outras ferramentas de política monetária, até então consideradas totalmente heterodoxas: ampliaram seus balanços e passaram a imprimir moeda. Os BCs entravam em território desconhecido. Nunca antes na história havia se implementado o chamado "afrouxamento quantitativo", tampouco levado os balanços sequer próximos dos níveis atuais.

Em 31 de agosto de 2012, Ben Bernanke, então presidente do Banco Central dos EUA, no tradicional simpósio de política monetária *Jackson Hole*, categorizou o caráter sem precedentes da situação:

> Quando participamos de Jackson Hole em agosto de 2007, o juro básico dos EUA era de 5,25% ao ano. Dezesseis meses depois, com a crise financeira em sua plenitude, o Fomc (Comitê de Política Monetária do Banco Central norte-americano) tinha reduzido a meta para a Fed Funds Rate a praticamente zero, entrando, portanto, no território desconhecido de condução da política monetária, com juros em seu limite de baixa. A rara severidade da recessão e suas restrições financeiras tornaram os desafios aos formuladores da política monetária os maiores possíveis.

O mês de agosto de 2007 marca, possivelmente, o início da "grande recessão". No dia 9 daquele mês, o banco francês BNP Paribas suspendeu os resgates das cotas de três grandes fundos imobiliários sob sua gestão (Parvest Dynamic ABS, BNP Paribas ABS Euribor e BNP Paribas ABS Eonia). Evidentemente, mesmo antes, já havia sinais de que as coisas não caminhavam bem. Entre os fatos mais emblemáticos, em abril de 2007, a *New Century Financial Corporation*, segundo maior credor de hipotecas de alto risco nos EUA, pedira falência. O marco tradicional da catálise da crise, porém, é mesmo o fechamento dos fundos do BNP Paribas. A bolha imobiliária, alimentada por juros muito baixos ao longo dos anos 2000, abundância de crédito e falta de regulamentação, havia estourado.

Dali em diante, os problemas somente se intensificaram, atingindo o ápice em 15 de setembro de 2008, data da falência do centenário banco norte-americano Lehman Brothers. O sistema financeiro dos EUA simplesmente parou.

O gráfico abaixo ilustra o comportamento das taxas de juro do setor interbancário norte-americano e europeu, catapultadas pela crise da Lehman, evidência emblemática da escassez de dinheiro/crédito e da desconfiança sobre a possibilidade de novas quedas de bancos:

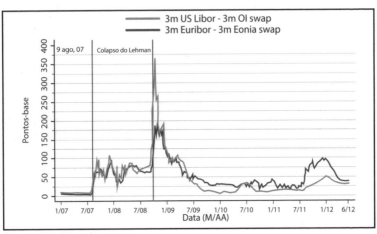

Fonte: Empiricus Research.

A resposta dos bancos centrais, especialmente do Federal Reserve, à paralisia do sistema financeiro e à destruição de riqueza causada pelo estouro da bolha imobiliária, foi imediata. Conforme detalha Ben Bernanke, no discurso em Jackson Hole, em 31 de agosto de 2012:

Às significativas restrições financeiras, surgidas em agosto de 2007, o Fomc deu rápidas respostas. Primeiro com ações de provisão de liquidez – cortando as taxas de desconto e estendendo os prazos dos empréstimos aos bancos. Depois cortou, em setembro, a taxa básica de juro em 50 pontos-base. Com novas evidências de fraqueza da economia, nos meses subsequentes, o Fomc reduziu a Fed Funds Rate em cumulativos 325 pontos, levando a taxa a 2% ao ano, na primavera de 2008. O Fomc deixou inalterada a Fed Funds Rate durante o verão, preferindo monitorar a economia e as condições financeiras. Quando a crise intensificou-se, notadamente durante o outono, o Fomc respondeu reduzindo a taxa básica em 100 pontos em outubro, com metade desse corte sendo resultado de uma ação coordenada de redução de juros jamais vista e conduzida, simultaneamente, por seis bancos centrais. Então, em dezembro de 2008, como evidência de uma dramática desaceleração da economia, o comitê reduziu seu juro básico para o intervalo de 0,00% a 0,25% ao ano, seu limite inferior.

Embora a atuação do Banco Central dos EUA tenha sido a mais emblemática, o processo de redução das taxas de juro se deu em nível global, sendo liderado pelos países desenvolvidos, conforme pode ser observado no gráfico abaixo:

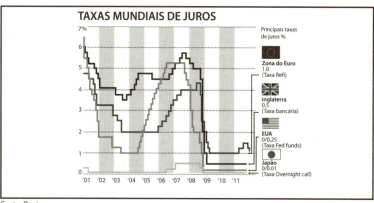

Fonte: Reuters.

Sete anos depois da quebra do Lehman Brothers, o processo se estende e até se intensifica em 2015, com o expansionismo monetário, com raras exceções, alcançando o mundo todo. A imagem abaixo, elaborada pelo Banco Morgan Stanley, mostra a postura, cada vez mais forte, de relaxamento monetário dos bancos centrais:

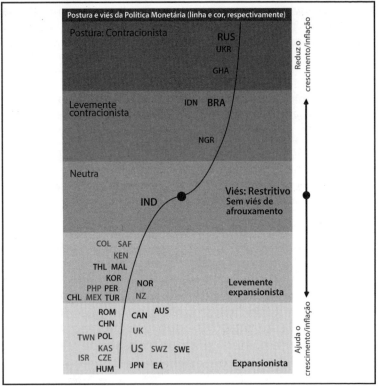

Fonte: Empiricus Research.

Voltando ao contexto estrito da crise, apesar da contundente redução dos juros, para níveis nunca antes vistos, as condições do mercado de crédito continuavam se deteriorando. Ainda pior, os desdobramentos chegavam com intensidade pronunciada à economia real. A taxa de desemprego nos EUA subiu de 6%, em setembro de 2008, para 9% em abril de 2009, para então caminhar ao pico de 10% em outubro. Enquanto isso, a inflação despencava, alimentando preocupações com uma espiral deflacionária – nessa situação, os preços caem por falta de demanda, os empresários têm lucro menor e são obrigados a demitir; o maior desemprego representa menor demanda e nova pressão para baixo nos preços, alimentando um círculo vicioso. Ficou claro que, por mais expressiva que tivesse sido, a redução de juros era insuficiente, mesmo acompanhada de um grande esforço fiscal.

Em fevereiro de 2009, Barack Obama, também na tentativa de conter os efeitos da bolha imobiliária e do colapso do sistema financeiro, assinou o ARRA (*American Recovery and Reinvestment Act*), o maior programa de estímulos fiscais em 70 anos, com custo final estimulado em US$ 821 bilhões. O documento deixa claro que o objetivo maior da medida era a preservação e criação de empregos, a partir de empréstimos, doações e contratos do governo com empresas. A projeção inicial era de que o ARRA criaria ou preservaria entre 1,3 milhão e 3,3 milhões de empregos nos EUA. Na décima revisão do programa, em novembro de 2011, constatou-se um número final de somente 650 mil empregos, muito abaixo da intenção inicial. As políticas fiscal e monetária tradicionais não contemplavam o problema em sua magnitude. Isso ficou claro, tanto pelas condições de crédito, ainda muito restritas, quanto pelos indicadores de emprego. O Banco Central dos EUA precisava responder com algo a mais. Foi quando passou a usar uma prerrogativa considerada até então heterodoxa: expandir seu balanço para perseguir o cumprimento do mandato de maximizar a geração de empregos com estabilidade de preços. A lógica era simples: impressão de moeda para a compra títulos de longo prazo no mercado. A expectativa era de que a compra de títulos pudesse reduzir as taxas de juro de mercado, sobretudo as longas, e estimular a economia real, em especial o setor imobiliário, sensível às taxas de juro longas e muito afetado pelo estouro da bolha.

Bernanke detalha os canais de transmissão da política à economia real:

> Programas de larga escala de compra de títulos podem influenciar as condições financeiras e a economia real por vários canais. Por exemplo, podem sinalizar que os bancos centrais têm a intenção de perseguir, persistentemente, uma política monetária mais acomodativa, reduzindo, portanto, as expectativas dos agentes econômicos quanto ao futuro das taxas básicas de juro e colocando pressão adicional para baixo sobre as taxas de longo prazo. Essa sinalização pode também fomentar a confiança no setor imobiliário e nos negócios em

geral ao ajudar a diminuir a preocupação com eventos de cauda, como uma espiral deflacionária. Durante os períodos de stress financeiro, compras de títulos podem também melhorar o funcionamento do sistema financeiro e, por conseguinte, contribuir com as condições de crédito.

Resta saber se esse emaranhado de boas intenções traduziu-se em resultados efetivos. Qual foi a resposta do sistema financeiro e da economia real? O próprio Bernanke endereça a questão:

> Após quatro anos de experiência com a política de compra de ativos em grande escala, surgiram trabalhos acadêmicos suficientes para medir seus efeitos. De forma geral, a pesquisa atesta que o afrouxamento quantitativo reduziu de forma significativa as taxas de juro de mercado[5].

Com efeito, o impacto da intervenção do Fed sobre as taxas de juro de mercado é incontestável e consensual. O mesmo não se pode dizer a respeito dos efeitos sobre a economia real, cuja mensuração, pelo caráter difuso e pela ocorrência de várias forças ao mesmo tempo, é muito mais complicada. Sobre isso Bernanke afirmou:

> Embora haja evidência substantiva de que as compras de ativos feitas pelo Federal Reserve derrubaram as taxas de longo prazo e abrandaram as condições financeiras, a obtenção de estimativas precisas dos impactos dessas operações sobre a economia de forma ampla é inerentemente difícil, posto que a contrapartida desse cenário – ou seja, como a economia teria desempenhado na ausência das ações do Fed – não pode ser diretamente observada.

Ainda assim, o ex-presidente do Banco Central dos EUA, talvez imbuído de autoavaliação favorável, tentou uma avaliação a respeito:

---

[5] Como exemplos mais contundentes, citam-se a redução do *yield* dos *Treasuries* de 10 anos entre 40 e 110 pontos-base, durante o primeiro programa de compra de ativos, no valor de US$ 1,7 trilhão. Já no segundo programa, de US$ 600 bilhões, diminuiu o rendimento dos títulos soberanos de 10 anos em mais 15 a 45 pontos. Considerando o impacto do esforço cumulativo do Fed sobre os juros de mercado, identifica-se 80 e 120 pontos de compressão do *yield* dos *Treasuries* de 10 anos.

No geral, porém, uma leitura balanceada das evidências sustenta a conclusão de que a compra de ativos pelo Banco Central ofereceu significativo apoio à recuperação da economia e à mitigação do risco de deflação.

Sua mensagem foi excessivamente otimista, o que nos parece natural para quem precisa defender o próprio trabalho. O panorama tão favorável traçado por Bernanke não é compartilhado, por exemplo, por seu antecessor no comando do Fed. Em reportagem do dia 29 de outubro de 2014, *The Wall Street Journal* relata os comentários de Alan Greespan, presidente do Fed entre 1987 a 2006, ao Council of Foreign Investors:

> Ele disse que o programa de compra de ativos era uma mistura de coisas. Segundo Greenspan, a compra de Treasuries e MBAs (títulos atrelados a hipotecas), de fato, impulsionou o preço dos ativos e reduziu o custo dos empréstimos. Entretanto, não fez muita coisa pela economia real. A demanda efetiva está morta e o esforço de ressuscitá-la, via compra de ativos, certamente não deu certo.

Uma forma simples de verificar a dicotomia entre a influência do Fed sobre o preço dos ativos financeiros e a economia real é o que ficou conhecido como *Warren Buffett Indicator*, e que mede a relação entre a capitalização de mercado total nos EUA e o PIB do país.

Conforme reportagem da Forbes de 9 de fevereiro de 2015:

> A razão de capitalização total de mercado sobre PIB, tida por Warren Buffett como a melhor métrica para se apurar onde estão os valuations (níveis de apreçamento dos ativos) em qualquer momento da histórica, está atualmente em 120%, contra 115% em janeiro de 2014. Historicamente, a relação foi superior a este nível apenas uma vez, na bolha de tecnologia do início dos anos 2000. Ela era inferior a 107% durante a bolha financeira de 2007, enquanto sua média histórica ronda 85%.

O gráfico abaixo mostra a evolução histórica do indicador:

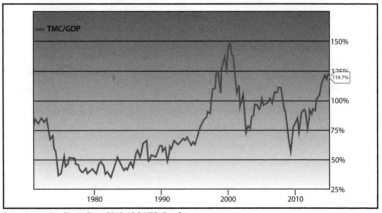

Fonte: Interactive Charts. 7 jan. 2015, 19:3 UTC. Gurufocus.

Convém lembrar o que afirmou recentemente Mark Spitznagel, gestor de fundos que ganhou notoriedade ao alertar previamente sobre a crise de 2008: "Não temos o direito depois de nos dizer surpresos por um severo e iminente crash nos mercados de ações. Com efeito, nós definitivamente precisamos esperar por isso."

Mais recentemente, em fevereiro de 2015, Alan Greenspan voltou ao tema na *New Orleans Investment Conference*:

> Nós não poderemos sair da era do afrouxamento quantitativo e dos juros zerados sem que haja um choque expressivo nos mercados financeiros. Eu falo de um crash dos mercados de ações ou de uma prolongada recessão.

Somente o ouro sairia como grande beneficiado.

Nas palavras de Bill Gross, fundador da Pimco e agora gestor da *Janus Capital*, em carta aos cotistas de março de 2015:

> Os bancos centrais foram e continuam indo longe demais em seu esforço mau direcionado de apoiar o crescimento econômico futuro. (...) Uma preocupação mais importante é que as taxas de juro muito baixas em âmbito global podem destruir modelos financeiros que são críticos para o funcionamento das economias modernas.

Fundos de pensão e companhias seguradoras são provavelmente os mais afetados pela ameaça dos juros negativos. Essas empresas sempre puderam neutralizar suas obrigações de longo prazo por meio de uma aplicação de igual maturidade a um juro atrativo. Agora, com os juros zerados, não há mais essa possibilidade.

De fato, em nenhum momento da implementação da estratégia do Fed pós-2008, seja nas próprias decisões ou nos discursos da autoridade monetária, tratou-se, de forma adequada, do risco de bolha dos ativos, com o preço dos ativos se distanciando da realidade da economia. Somente mais recentemente diretores do Banco Central americano passaram a sinalizar algum desconforto com essa possibilidade.

Em entrevista à Reuters, no final de fevereiro de 2015, James Bullard, presidente do Fed de St. Louis, foi categórico ao dizer que:

> Há um desligamento entre os mercados e o Fed e isso será reconciliado em algum momento. E estou um pouco preocupado com a possibilidade de um dia os mercados acordarem e reprecificarem tudo. Você tem uma situação positiva alimentada por juro baixo e eu acho que é aí que está o potencial para bolhas nos próximos dois a três anos.

O alerta é amplo e irrestrito. Desta vez, ele vem inclusive do próprio Fed. É melhor ouvir.

O passo a passo: 1929, 2008 e 2015

O leitor não técnico pode pular esta seção, pois ela é dedicada ao resgate histórico da crise de 2008 e de como chegamos até aqui, em níveis sem precedentes de liquidez mundial, taxas de juro e endividamento. Narra-se, passo a passo, a atuação dos bancos centrais, com todas as intervenções e os programas mais relevantes, com o devido detalhamento. Aqui, busca-se apenas a pormenorização das políticas, de forma a explicitar o quão incomum é a situação a que chegamos.

A reação dos bancos centrais à "grande recessão" (2007/08) pode ser entendida mais facilmente a partir dos estudos da "Grande Depressão" (1929). Há um fato estilizado de que a Crise de 1929 fora causada pelo colapso da Bolsa de Nova York, em outubro daquele ano. Essa narrativa popular não encontra, porém, embasamento empírico, nem mesmo ressonância nos trabalhos acadêmicos a respeito da Depressão. No artigo *Monetary History of the United States*: 1860-1960, por exemplo, Milton Friedman e Anna Swartz argumentam que a crise de 1929 teve sua origem, nos EUA, nos erros do Federal Reserve, que não agiu para impedir a vigorosa queda do estoque de moeda provocada por sucessivas crises bancárias. Segundo os autores, a queda do estoque nominal de moeda, de 33%, entre 1929 e 1933, causou a contração do PIB, de 29%, entre o pico e o fundo ocorrido em 1933.

Em 1995, no artigo *The Macroeconomics of the Great Recession: A Comparative Approach*, Ben Bernanke conclui que "As forças monetárias tiveram um importante papel nas causas da depressão mundial." Como argumentam Friedman e Schwartz, o Fed poderia ter evitado a crise se tivesse operado ativamente como emprestador de última instância, expandindo a oferta monetária. Sendo Bernanke um dos maiores teóricos da crise de 1929, o erro não poderia se repetir. Conforme caracteriza Affonso Celso Pastore no livro *Inflação e Crises*, o Fed agiu em resposta à crise de 2007/08 com uma intensidade jamais vista na história, como emprestador de última instância não somente aos bancos, mas também às instituições não bancárias que multiplicavam o risco sistêmico. À luz dos problemas de 1929, os bancos centrais sabiam que precisavam agir durante a "grande recessão" aumentando a oferta de moeda. Em discurso realizado ainda em 2002, muito antes, portanto, do estouro da crise de 2007/2008, Ben Bernanke já havia teorizado sobre a resposta a ser adotada pelos bancos centrais ao risco de deflação.

Nos clássicos comentários feitos em *Deflation: Making Sure "It" Doesn't Happen Here*, ele é categórico ao dizer:

Eu estou confiante que o Fed fará tudo o que for preciso para evitar uma deflação nos EUA e, ainda mais, que o Banco Central Norte-americano, em cooperação com outros setores do governo, tem instrumentos de política suficientes para limitar uma deflação.

A primeira resposta seria, necessariamente, uma redução dramática das taxas de juro. Mas e se, mesmo levando o juro básico a zero, não houver a devida resposta da economia?

O governo dos EUA tem uma tecnologia chamada impressora de dinheiro (ou, atualmente, seus equivalentes eletrônicos), que permite a produção de quantos dólares quisermos, sem nenhum custo. Ao aumentar o número de dólares em circulação, ou simplesmente ameaçando fazê-lo, o governo dos EUA pode reduzir o valor do dólar em termos de bens e serviços, o que é equivalente a aumentar os preços em dólares desses produtos.(...) Claro, o governo dos EUA não imprimirá dinheiro e distribuirá por aí aleatoriamente. Normalmente, o dinheiro é injetado na economia por meio de compras de ativos pelo Federal Reserve.

Ali estava a semente teórica do que viria a ser a implementação da política monetária, em âmbito global a partir de 2007/2008, em reação à "Grande Depressão". Os bancos centrais atuariam como emprestadores de última instância, evitando incorrer no mesmo erro de 1929. Reduziriam os juros até seus limites de baixa e, posteriormente, passariam a aumentar seus balanços, imprimindo moeda e comprando títulos. A menção de Bernanke à hipótese de impressão de moeda rendeu-lhe o apelido de *Helicopter Ben*, depois que ele mesmo, em discurso de novembro de 2012, lembrara da ilustração provocativa de Milton Friedman, em que um sujeito, de um helicóptero, jogava dinheiro à população. O panorama de fundo dessa discussão inscreve-se no clássico debate entre economistas sobre a neutralidade ou não da moeda. Ou seja, de se e como a moeda (uma variável nominal) poderia afetar variáveis reais. Roger Farmer, no livro *How the Economics Works: Confidence, Crashes and Self-Fulfilling Prophecies*, oferece explicação bastante didática a respeito:

As pessoas normalmente interpretam de forma inadequada a hipótese de neutralidade da moeda e, por vezes, afirmam que a teoria prevê que dobrar a quantidade da moeda levará a dobrar o nível de preços apenas, sem, portanto, qualquer efeito sobre a atividade econômica real. O presidente do Fed, Ben Bernanke, às vezes recebe o irreverente apelido de Helicopter Ben, porque, num discurso, referiu-se ao exemplo ilustrativo de Milton Friedman (o homem que despeja dinheiro por helicóptero). Friedman pede que consideremos o que aconteceria se um helicóptero sobrevoasse um país e lançasse aleatoriamente cédulas de dólares. Uma leitura crua da teoria quantitativa da moeda apontaria que o efeito seria imediato aumento de preços apenas, sem nenhuma contrapartida das quantidades produzidas e consumidas (...). Mas a teoria é muito mais sofisticada do que isso. Embora ela afirme que a moeda, de fato, não tem efeito sobre o emprego e a produção no longo prazo, não se pode dizer o mesmo sobre o curto prazo, porque as evidências sugerem o contrário; ou seja, há efeitos do incremento de moeda sobre as variáveis reais (emprego, produção e consumo). Em termos práticos, leva tempo até que os efeitos da moeda sejam absorvidos estritamente pelas variáveis nominais.

O próprio Bernanke já pesquisou e escreveu objetivamente sobre a neutralidade da moeda. Em artigo chamado *The liquidity effect and long-run neutrality*, escrito junto com Ilian Mihov, em 1998, o ex-chairman do Fed resume:

> As proposições de que a expansão monetária reduz a taxa de juro de curto prazo (*The liquidity effect*, ou o efeito liquidez), e de que a política monetária não tem efeito em variáveis reais a longo prazo (*long-run neutrality*, ou neutralidade de longo prazo) são amplamente aceitas. Entretanto, até esta data a evidência empírica para ambas afirmações é ambígua. Neste artigo, não conseguimos rejeitar nenhuma das hipóteses, nem o efeito liquidez, nem a neutralidade de longo prazo.

Em síntese, munidos desse arcabouço teórico, os bancos centrais enfrentaram a crise de 2008 e 2009. As autoridades monetárias estavam prontas para reduzir suas taxas de juro e, depois, ampliar seus balanços, comprar títulos públicos e ampliar a oferta de moeda. E assim o fizeram. Logo nos primeiros meses após o início da crise, o Fed e o Banco da Inglaterra expandiram seus balanços em torno de 150%, enquanto o incremento do Banco Central Europeu foi da ordem de 50%. Como argumenta Pastore[6], "Naquela fase, a expansão do ativo do balanço do Fed foi bem mais intensa do que a do BCE, mas ainda não haviam começado as compras de ativos financeiros." Naquele momento, caracterizado pelo que Ben Bernanke chamou de *credit easing*, o Fed limitou-se a oferecer liquidez aos mercados financeiros.

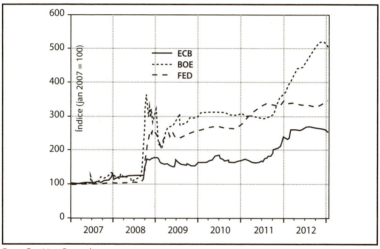

Fonte: Empiricus Research.

A partir dali, as posturas adotadas por Fed e BCE foram bastante diferentes. O Banco Central dos EUA deu início ao que chamou de afrouxamento quantitativo, comprando ativos financeiros – títulos atrelados a hipotecas e papéis do Tesouro – e expandindo seu balanço. De forma distinta, o Banco Central Europeu focava mais na desobstrução do canal do crédito, dando mais financiamento aos bancos e somente adquirindo títulos esporadicamente, quando a queda de seus preços poderia afetar o balanço

---

6 Ver capítulo 7 do livro *Inflação e Crises*, op. cit.

dos bancos. Houve três rodadas de *quantitative easing* (QE) pelo Fed. A primeira envolveu, num momento inicial, a compra de US$ 100 bilhões de dívidas da Fannie Mae e da Freddie Mac, agências governamentais criadas para dar liquidez ao mercado de hipotecas, com autorização para dar crédito imobiliário e que acabaram quebrando com o estouro da bolha em 2008, sendo colocadas sob intervenção do governo dos EUA naquele ano; e de mais US$ 500 bilhões de MBS (títulos atrelados a hipotecas), emitidos por essas duas agências. Na sequência, a compra de dívidas das empresas foi elevada em mais US$ 100 bilhões, aumentando as compras de MBS e de Treasuries em, respectivamente, US$ 750 bilhões e US$ 300 bilhões.

Affonso Celso Pastore lembra que, embora o objetivo fosse estimular a economia em geral, o maior interesse era incentivar o mercado imobiliário, o mais atingido pela crise.

Sem ainda notar recuperação da economia e temeroso quanto ao risco de deflação, o Fed partiu para uma segunda rodada de QE, já em setembro de 2010. A ideia inicial era recomprar o valor dos títulos que iam vencendo. Entretanto, logo em novembro daquele ano, foi anunciada a aquisição adicional de US$ 600 bilhões. E em setembro de 2011, o Fed implementou um programa de venda de US$ 400 bilhões em ativos de curto prazo, simultaneamente à compra de US$ 400 bilhões em papéis de longo prazo, naquilo que ficou conhecido como operação *twist*, posteriormente estendida em junho de 2012.

Por fim, em setembro de 2013, veio o QE3. A terceira rodada não trazia um valor total a ser comprado em títulos; apenas o compromisso com compras mensais da ordem de US$ 85 bilhões – o Fed encerraria o programa em outubro de 2014, após submetê-lo ao *tapering*, ou seja, ao seu afunilamento, em que ia gradativamente reduzindo o tamanho da compra de títulos. Os gráficos a seguir elucidam a impressão de moeda e o aumento de liquidez promovidos pelo Fed. O primeiro traz o balanço do Banco Central dos EUA. O segundo mostra o crescimento do crédito (preto) e do PIB (cinza) naquele país. O terceiro acompanha a evolução histórica da dívida pública federal sobre o PIB. E, por fim, o quarto relata a expansão da base monetária, explicitando cada rodada de afrouxamento quantitativo.

O comportamento do BCE foi substancialmente diferente, centrado, até 2015, na preservação do crédito bancário.

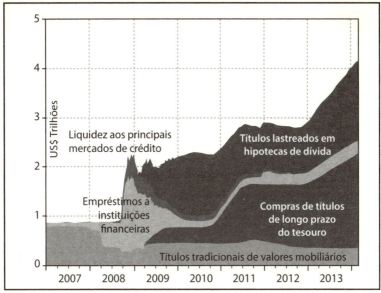

Fonte: Empiricus Research.

Em março de 2008, o Banco Central Europeu anunciou o *Long Term Refinancing Operations* (LTRO) de seis meses, em substituição ao anterior de três meses – um mecanismo para o BCE prover liquidez aos bancos da Zona do Euro, a taxas de juro convidativas.

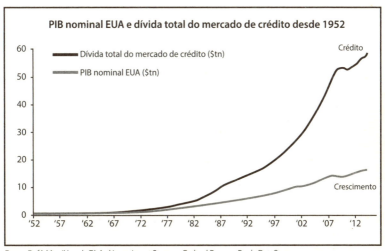

Fonte: BofA Merril Lynch Global Investiment Strategy, Federal Reserve Bank, DataStream.

Fonte: Empiricus Research.

Já em maio de 2009, o BCE reduziu para 1% a taxa para refinanciamentos e forneceu 60 bilhões de euros para o LTRO de 12 meses e o *Covered Bonds Purchase Programme* (CBPP), programa de compras de títulos atrelados a hipotecas. O objetivo de todas as linhas era garantir a sustentação do crédito.

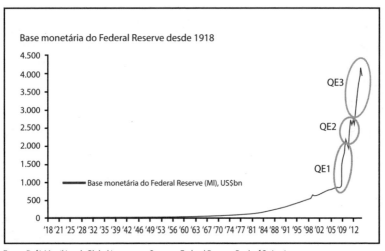

Fonte: BofA Merril Lynch Global Investment Strategy, Federal Reserve Bank of St. Louis.

Sem impedir a deterioração das condições financeiras e diante da crise de dívida soberana, em maio de 2010, o Banco Central Europeu anunciou o *Securities Market Programme* (SMP), programa que estabelecia compra de títulos no mercado secundário. Diferentemente do caso do Fed, aqui os títulos adquiridos seriam esterilizados, não implicando aumento do balanço da autoridade monetária.

Conforme explica Pastore:

> A crise financeira levava à recessão, reduzindo a receita tributária e piorando a dinâmica de dívida dos países, e os bancos carregavam títulos públicos nos seus balanços, sofrendo o prejuízo derivado da queda acentuada de seus preços, o que comprometia a sua solvência e piorava as condições no mercado interbancário, afetando a oferta de crédito. Ao comprar títulos de dívida soberana, o BCE evitava a erosão da base de capital dos bancos, atuando na direção de normalizar a oferta de crédito.

Já em outubro de 2011, o Banco Central Europeu promoveu uma segunda rodada de compra de CBPP e mais um LTRO de 12 meses, destinado a dar liquidez ao sistema bancário. Aumentando sua agressividade, em 8 de dezembro de 2011, o BCE lançou dois leilões de LTRO de 36 meses, com compromisso de recursos ilimitados – no primeiro leilão, saíram 489 bilhões de euros, tomados por 523 bancos; já no segundo, foram leiloados 529 bilhões de euros, por 800 bancos.

Somente em 2015 o BCE aderiu formalmente ao afrouxamento quantitativo. Mario Draghi anunciou a compra de títulos públicos e privados no valor de 60 bilhões de euros mensais, a ser conduzida até setembro de 2016 ou até que se observasse recuperação da inflação. O BCE se juntava aos demais bancos centrais e sugeria o incremento de seu balanço em 1,1 de euros. Mario Draghi cumpria sua promessa anterior de que faria tudo o que fosse necessário para salvar a moeda única.

Excessos

Não há paralelos na história em que os bancos centrais tenham agido de forma tão coordenada e tão abrangente. Essa expansão dos balanços e esse nível de impressão de moeda jamais foram observados em toda a história. Estamos falando simplesmente de US$ 12 trilhões emitidos desde o colapso da Lehman Brothers. Também não temos qualquer registro no passado de taxas de juro atingindo níveis tão baixos – tanto o juro básico, definido pelos bancos centrais, quanto o juro de mercado, como mostram os gráficos a seguir (no primeiro temos o comportamento do *yield* dos papéis do Tesouro norte-americano de 10 anos acompanhado do crescimento nominal do PIB dos EUA, e norte-americano de 10 anos acompanhado do crescimento nominal do PIB dos EUA, e o segundo demonstra a evolução dos juros de alguns títulos europeus de igual maturação):

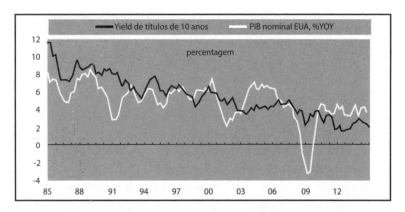

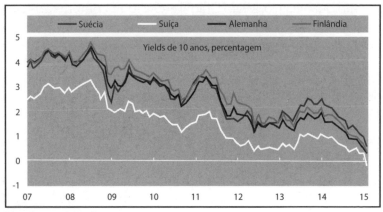

Fonte: Empiricus Research.

Há um desdobramento dessa dinâmica: excesso de liquidez e excesso de endividamento, que deriva de mera dedução lógica. Com a injeção cavalar de dinheiro no sistema e sem a contrapartida da recuperação da economia global na mesma intensidade, a relação entre a quantidade de moeda disponível e o nível de produto atinge níveis bastante elevados. A relação entre preço dos ativos, que é uma decorrência direta da ampliação de liquidez, e o PIB – já apresentada previamente – demonstra o argumento.

Como disse Alan Greenspan, a política do Fed foi um grande sucesso em elevar o preço dos ativos, mas teve pouca efetividade ao recuperar a demanda da economia real. O montante de liquidez colocado no sistema é tão desproporcional que a soma das intervenções dos bancos centrais em 2015 supera toda a emissão de novos ativos nos países desenvolvidos. Em outras palavras, o valor recomprado pelos bancos centrais em 2015 supera o valor total das emissões de ativos no ano, algo sem par na história. Os gráficos a seguir demonstram o argumento:

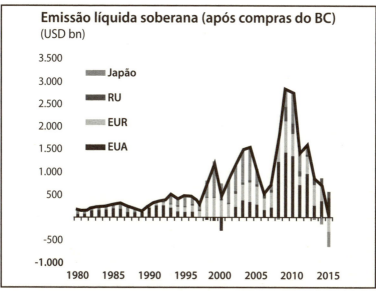

Fonte: Morgan Stanley Research, Dealogic, Haver Analytics, OECD, DMO, US Bureau of Public Debt.

Fonte: Citi Research. Haver. Federal Reserve, Bank of Japan, ECB. Assume 400bn de TLTROs, 50bn de compras ABS no T4, 800bn de QE em 2015, e expansão do QE BOJ na proporção atual. Consulte: *How sticky is the money in credit?* H. Lorenzen, para um cenário contrafatual, sem o BCE.

A política monetária implementada em resposta à crise de 2008 simplesmente levou os bancos centrais além de suas próprias possibilidades. Ou, conforme argumenta Jim Rickards, autor do *best-seller Currency Wars*, os próprios bancos centrais tornaram-se insolventes. Seu total de obrigações não encontra mínima contrapartida de suas reservas de capital. Desenvolvendo um pouco melhor o argumento, em agosto de 2014, Rickards havia escrito:

> É preciso comparar as reservas de capital com o balanço total do Fed. Olhando para isso, a figura é bastante assustadora, pois as obrigações atuais montam a US$ 4,3 trilhões, contra base de capital de apenas US$ 56 bilhões.

Fonte: Empiricus Research.

Fonte: Empiricus Research.

Jim Rickards lembra que, antes da crise de 2008, período conhecido pelo excesso de endividamento e muita liquidez, a alavancagem do Fed montava a 22-1 (medida pela relação dívida sobre capital). Em agosto de 2014, bateu nada menos do que 77-1.

Recuperando novamente a frase de Bill Gross, da Pimco, os bancos centrais foram – e continuam indo – longe demais. O Federal Reserve tem uma bomba relógio nas mãos. Ela precisa ser desarmada. A abundante e longeva disponibilidade de dinheiro barato, mediante juros zerados (ou até mesmo negativos) e impressão cavalar de moeda pelos bancos centrais, remete ao segundo problema: excesso de endividamento. Se há dinheiro sobrando e seu custo (juro) é zero, o incentivo à tomada de dívida torna-se gigantesco. Isso é particularmente verdadeiro quando os bancos centrais, por meio da emissão de moeda e consequente compra de títulos, impulsionam sistematicamente o preço dos ativos financeiros – lembre-se: essa é a natureza da coisa. Basicamente, os BCs eliminam o risco alheio ao garantir continuidade do movimento de alta dos ativos – ao menos enquanto a farra da liquidez durar.

Cria-se uma espécie de rede protetora alimentada pelas autoridades monetárias, que desenvolvem uma demanda compulsória por ativos de risco, que, por sua vez, renovam recordes de maneira sucessiva. Os próprios BCs colocam o juro em zero, adicionam liquidez ao sistema e impulsionam o preço dos ativos. Os investidores e as empresas, cientes de que a lógica continuará à frente, mostram-se dispostos a tomar dívidas baratas e comprar ativos de risco, certos da apreciação futura. Há toda uma dinâmica empurrando na direção da assunção exagerada de risco e de dívida. E conforme as operações vão funcionando, o passado vencedor funciona como estímulo adicional à renovação da estratégia. Se deu certo até aqui, por que haverá de ser diferente no futuro?

Cada vez mais, aumenta a complacência do investidor com a tomada de riscos. É como um motorista que toma um *drink* e chega bem em casa. Faz isso por várias vezes. Então, entende que pode tomar dois *drinks*, ainda sem nenhum acidente. Repete a lógica até se embebedar completamente. Então, temos uma batida de automóvel, cuja gravidade dependerá da sorte do condutor e eventuais envolvidos.

Vale o mesmo para o investidor, para as empresas e para os países. O sujeito toma um pouco de dívida e compra ativos de risco. Observa alta de seus investimentos e, no momento seguinte, paga a dívida com lucro. Certo de que a dinâmica será perpétua, adentra um círculo vicioso de mais dívida e mais risco, que estimula, enquanto a volatilidade está suprimida e a liquidez continua sendo introjetada, novas dívidas e novos riscos. A dinâmica perdura até que subitamente alguém desliga a música. A lógica assumiu proporção tão grande que, segundo levantamento da McKinsey, nove países atingiram relação dívida sobre PIB superior a 300% – a dívida aqui inclui governo, empresas não financeiras e famílias.

A primeira tabela a seguir ilustra com precisão o excesso de endividamento em âmbito global, alimentado pelo dinheiro abundante e sem custos.

E a segunda tabela mostra a dinâmica do processo, dos pontos percentuais que foram adicionados (preto) ou reduzidos (cinza) na relação dívida sobre PIB entre 2007 a 2014 de cada país, de novo segundo levantamento da McKinsey: Com este nível de endividamento, qual seria o impacto de uma subida das taxas de juro, mesmo que marginal, sobre os balanços e os patrimônios de países, pessoas e empresas? O tamanho do endividamento é brutal em todo o mundo e qualquer pequena mexida nos juros afetaria de maneira dramática as despesas financeiras, seja no âmbito público ou privado. Simplesmente não há como os bancos centrais mexerem nos juros sem impactar de forma traumática os patrimônios familiares e a solidez financeira dos países em nível soberano. As autoridades monetárias impuseram-se uma armadilha de que não conseguem sair. Subir os juros mataria a recuperação global; não fazê-lo inflaria a maior bolha de liquidez já existente, com consequências incomensuráveis no futuro. Precisamos interromper essa lógica velha e fundar uma nova, algum rompante de destruição criadora, nas palavras de Joseph Schumpeter.

Classificação	País	Relação dívida sobre PIB
1	Japão	400%
2	Irlanda	390%
3	Sigapura	382%
4	Portugal	358%
5	Bélgica	327%
6	Países Baixos	325%
7	Grécia	317%
8	Espanha	313%
9	Dinamarca	302%
10	Suécia	290%
11	França	280%
12	Itália	259%
13	Reino Unido	252%
14	Noruega	244%
15	Finlândia	238%
16	Estados Unidos	233%
17	Coreia do Sul	231%
18	Hungria	225%
19	Áustria	225%
20	Malásia	222%
21	Canadá	221%
22	China	217%
23	Austrália	213%
24	Alemanha	188%
25	Tailândia	187%
26	Israel	178%
27	Eslováquia	151%
28	Vietnã	146%
29	Marrocos	136%
30	Chile	136%
31	Polônia	134%
32	África do Sul	133%
33	República Theca	128%
34	Brasil	128%
35	Índia	120%
36	Filipinas	116%
37	Egito	106%
38	Turquia	104%
39	Romênia	104%
40	Indonésia	88%

Fonte: McKinsey, Zero Hedge.

Mudança na relação dívida sobre PIB, desde 2007, por país

Classificado pela relação dívida sobre PIB da economia real, 2T14

■ Economia avançada
■ Economia em desenvolvimento

↑ ■ Alavancagem
↓ ■ Desalavancagem

Class.	País	Relação dívida sobre PIB %	Total	Governo	Corporativo	Residencial	Mudança na dívida do setor financeiro
1	Japão	400	64	63	2	-1	6
2	Irlanda	390	172	93	90	-11	-25
3	Singapura	382	129	22	92	15	23
4	Portugal	358	100	83	19	-2	38
5	Bélgica	327	61	34	15	11	4
6	Países Baixos	325	62	38	17	7	38
7	Grécia	317	103	70	13	20	1
8	Espanha	313	72	92	-14	-6	-2
9	Dinamarca	302	37	22	7	8	37
10	Suécia	290	50	1	31	18	37
11	França	280	66	38	19	10	15
12	Itália	259	55	47	3	5	14
13	Reino Unido	252	30	50	-12	-8	2
14	Noruega	244	13	-16	16	13	16
15	Finlândia	238	62	29	17	15	24
16	Estados Unidos	233	16	35	-2	-18	-24
17	Coreia do Sul	231	45	15	19	12	2
18	Hungria	225	35	15	21	-1	10
19	Áustria	225	29	23	6	0	-21
20	Malásia	222	49	17	16	16	6
21	Canadá	221	39	18	6	15	-6
22	China	217	83	13	52	18	41
23	Austrália	213	33	23	-1	10	-8
24	Alemanha	188	8	17	-2	-6	-16
25	Tailândia	187	43	11	6	26	21
26	Israel	178	-22	-4	-21	3	-2
27	Eslováquia	151	51	28	8	14	-5
28	Vietnã	146	13	10	-1	5	2
29	Marrocos	136	20	8	7	5	3
30	Chile	136	35	6	20	9	9
31	Polônia	134	36	14	9	13	9
32	África do Sul	133	19	18	2	-2	-3
33	República Tcheca	128	37	19	9	9	4
34	Brasil	128	27	3	15	9	13
35	Índia	120	0	-5	6	-1	5
36	Filipinas	116	4	-3	9	-2	-5
37	Egito	106	-9	9	-18	0	-8
38	Turquia	104	28	-4	22	10	11
39	Romênia	104	-7	26	-35	1	-4
40	Indonésia	88	17	-5	17	6	-2
41	Colômbia	76	14	1	8	5	3
42	México	73	30	19	10	1	-1
43	Rússia	65	19	3	9	7	-4
44	Peru	62	5	-10	11	5	2
45	Arábia Saudita	59	-14	-15	2	-1	-8
46	Nigéria	46	10	7	1	2	-1
47	Argentina	33	-11	-14	1	2	-5

Fonte: Empiricus Research.

Conforme argumenta o economista Bill Bonner, em seu livro *Hormegeddon – How too much of a good thing leads to disaster*, o Fed precisa escolher entre duas possibilidades. Fazer menos ou mais. Menos implicaria depressão da economia, manifestações sociais e coisas parecidas. Fazer mais traria inflação no futuro e uma catástrofe ainda maior.

> A escolha será por fazer mais. Porque o momento de escolher a outra opção já passou. Já há zumbis demais por aí dependentes do excesso de dívida e liquidez. Todos eles estão interessados em ver a bolha de crédito expandindo-se ainda mais. Iremos até o final do caminho, para então explodir subitamente.

O tombo será grande. Há muito mais dívida agora do que havia em 2008, e as ferramentas disponíveis para inibir os efeitos da "Grande Recessão" já foram usadas em sua integralidade. Os juros já estão zerados previamente e os balanços dos bancos centrais vão além de suas possibilidades.

Hormegeddon

Em 1888, o farmacologista alemão Hugo Schulz descreveu um aparente paradoxo: ao adicionar pequenas doses de veneno letal às leveduras, notou um estímulo adicional a seu crescimento. Após a constatação, vários outros pesquisadores realizaram experimentos semelhantes, chegando a resultados similares. Em 1943, no artigo *Effects of extracts of western red-cedar heartwood on certain wood-decaying fungi in culture*, publicado no jornal Phytopathology, C.M. Southam e J. Ehrlich deram ao fenômeno o nome de *hormese*.

O termo refere-se à situação em que uma pequena dose de determinado estímulo produz um resultado favorável, mas, conforme aumenta-se a dosagem, o desdobramento é uma verdadeira tragédia. Derivando a etimologia, Bill Bonner cunhou o termo *Hormegeddon* para definir as políticas públicas que começam com um pequeno efeito favorável e terminam num grande desastre. "Esse é meu atalho para descrever o que acontece quando você recebe uma porção demasiada de alguma coisa inicialmente positiva, num contexto de política pública."

Evidentemente, qualquer semelhança com a grande disponibilidade de dinheiro barato por muito tempo, decorrente da intervenção vultosa dos bancos centrais desde a crise de 2008, não é mera coincidência.

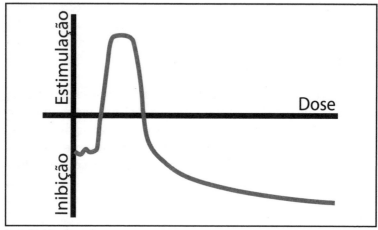

Fonte: Empiricus Research.

De acordo com Bonner:

> Falando em termos genéricos, chegamos a políticas públicas desastrosas quando aplicamos a lógica de solução de problemas particulares e acreditamos excessivamente na racionalidade humana para resolver inadequadamente situações mais abrangentes.

Primeiro, observamos o que os economistas chamam de retornos marginais decrescentes. Depois, com o aumento da dose do estímulo, você chega ao verdadeiro desastre. Ao sair de um jogo de futebol de duas horas sob sol escaldante, o sujeito está ávido por um copo d'água. O primeiro copo é de uma utilidade (retorno ao indivíduo medido em termos de felicidade) gigantesca. O segundo gole ainda proporciona uma grande satisfação, mas em magnitude inferior à primeira. O terceiro obedece à mesma lógica.

Se continuarmos até o vigésimo copo d'água, possivelmente teremos problemas. Tome também como exemplo sua alimentação, algo estritamente necessário, certo? Um pouco de comida pode representar simplesmente a diferença entre a vida e a morte. O benefício da comida vai diminuindo a cada garfada. Continue comendo e você destruirá sua saúde. Rigorosamente o mesmo raciocínio vale para uma boa caminhada, para os investimentos financeiros, para a exploração de terras agrícolas cada vez menos férteis e para a escolha de bons terrenos para incorporação imobiliária.

Começamos com bons retornos a partir de um determinado estímulo e, se vamos além de nosso ponto de saciedade, encontramos o desastre. Vale para uma enorme gama de situações cotidianas. O *Hormegeddon*, de Bill Bonner, porém, está focado apenas em problemas derivados de políticas públicas em grande escala. Eles, necessariamente, derivam de quatro elementos. O primeiro se apoia na crença excessiva na capacidade humana de resolver problemas a partir do uso da racionalidade. O segundo se refere aos abusos de grande intervenção e muito planejamento central. O terceiro decorre de um problema entre a adoção da política pública e a falta de *feedback* adequado – os formuladores originais daquela medida nunca pagam efetivmente a sua conta (falamos aqui de políticas públicas tocadas por burocratas, que impõem à sociedade as perdas derivadas de seus erros pessoais). Por último, essas políticas sempre criam organizações que passam a depender daquela lógica nefasta e impedem seu abandono na celeridade necessária.

Desde o Iluminismo, a tradição ocidental sustenta-se firmemente na ideia de que somos capazes de resolver problemas a partir do uso da racionalidade. Assume-se que os seres humanos podem escolher conscientemente como e onde querem ir. Mais do que isso, eles podem, a partir de suas escolhas, determinar o futuro alheio. Sabemos o que é melhor para o outro e como chegaremos lá.

Na Economia, a representação clássica do argumento está na construção do *Homo Economicus*, uma entidade não muito parecida com os seres humanos que toma decisões de posse de racionalidade ilimitada e perfeita, sendo capaz de maximizar à plenitude sua utilidade (felicidade). Não há restrições ao acesso, ao processamento e ao armazenamento de informações, tampouco erros sistemáticos na predição do futuro. No mundo financeiro especificamente, a "hipótese de mercados eficientes", cerne de todos os modelos tradicionais de finanças, ensinada como a verdade aristotélica em todas universidades e MBAs, apoia-se fundamentalmente na ideia do *Homo Economicus* e da racionalidade perfeita, mesmo sem encontrar nenhuma aderência à realidade e tendo sido refutada inequivocamente pelas Finanças Comportamentais[7].

A ideia de que há formas de atividade coletiva que não são controladas ou melhoradas pelo planejamento e pela racionalidade é chocante para algumas pessoas, que resistem a acreditar na incapacidade humana em definir o futuro. Nas palavras de Nietzsche, a razão é uma grande emoção, é o desejo de controle. A sensação de que os formuladores de política econômica sabem exatamente o que estão fazendo e onde estão nos levando é bastante reconfortante. Porém, por mais racionais e competentes que sejamos, jamais conseguiremos enxergar o futuro com nitidez. Ele continuará sujeito à aleatoriedade e às forças da natureza, muito além de nosso entendimento. A história de que os bancos centrais são capazes de ver, entender e direcionar o futuro encaixa-se perfeitamente em nossos vieses cognitivos. Queremos nos sentir no controle e essa é uma bela história para contar.

Segundo Deirdre McCloskey e Persio Arida[8], as teorias que saem vencedoras do embate dialético característico da evolução da Ciência não são necessariamente as melhores, aquelas com maior aderência à realidade ou com melhor poder preditivo. Elas ganharam o debate simplesmente por atenderem melhor às regras de retórica. Sob esse ponto de vista, a história de que os bancos centrais sabem o que estão fazendo e sempre podem evitar uma crise no

---
[7] Detalharemos as finanças comportamentais num capítulo à parte.
[8] Ver *Rhetoric of Economics* e *A história do pensamento econômico como teoria e prática*, respectivamente.

futuro é insustentável. Não há retórica melhor. É tudo que queremos ouvir. Infelizmente, a realidade vai muito além da habilidade de se montar um bom discurso.

Venda Bolsa e compre renda fixa

A recomendação pragmática que decorre da argumentação até aqui sustentada é bastante simples: o investidor deve reduzir sua posição em ativos mais arriscados e correr em direção à segurança. Há uma forma simples de fazê-lo e que, às atuais cotações, oferece uma janela de oportunidade bastante convidativa: reduza seu posicionamento em ações (ou até elimine sua exposição direcional por completo) e ganhe maior exposição à renda fixa – não estamos dizendo necessariamente que o investidor não deve ter alocação alguma em ações; ele pode estar posicionado na compra de ações boas em uma quantidade relevante, contanto que neutralize esse posicionamento ao menos parcialmente com a venda (*short*) de outros papéis mais arriscados e de fundamentos ruins.

Defendemos apenas que o momento enseja um posicionamento direcional pequeno em Bolsa. Considerando o desempenho das ações e dos títulos de renda fixa desde o final de fevereiro, identifica-se uma dicotomia que não encontra lastro nos fundamentos econômicos e financeiros. Desde o começo de fevereiro, as NTN-Bs 2050 (títulos do Tesouro Nacional que pagam uma taxa de juro mais a variação do IPCA, com vencimento em 2050), por exemplo, caíram cerca de 2%, enquanto o Ibovespa, principal índice de ações local, subiu 7,5%.

Não vemos razão para que a Bolsa ofereça desempenho tão superior à renda fixa. Ao contrário, notamos um aumento do risco para as ações, enquanto percebemos prognóstico mais favorável à renda fixa – ao menos em termos relativos. Note que, tradicionalmente, as ações são mais arriscadas do que os títulos – isso deriva, em grande medida, do fato de que os credores (detentores de títulos) estão à frente na fila para receber os ativos de uma determinada empresa no caso de falência. No caso da liquidação da empresa, quem recebe primeiro é o credor. Somente depois, se sobrar alguma coisa, o acionista recebe.

Em reforço, para o investidor que carrega os títulos de renda fixa até o seu vencimento, não há risco de mercado (flutuação das taxas de juro de mercado); apenas o risco de calote. Descartando-se a chance de *default* (e, por ora, podemos assumir essa hipótese para os títulos soberanos brasileiros), existe a certeza de que o investidor receberá aquele rendimento compactuado quando do momento da compra do título – isso não ocorre para a ação, que não oferece garantia alguma de que em determinado momento haverá tal rendimento. Não há, por exemplo, um preço definido em que a empresa poderá recomprar de você aquela ação. Portanto, se notamos um incremento do nível de risco nos mercados, seria natural migrar das ações à renda fixa. Mas passa longe de ser só isso.

Pense na tentativa de implementação do ajuste fiscal proposto por Joaquim Levy. Se o ministro da Fazenda não obtiver êxito, tanto renda fixa quanto ações tenderão a desempenho ruim – o Brasil perderia o *investment grade* e será exigido um prêmio maior para a compra de nossos ativos. Aqueles de maior risco, claro, tenderão a sofrer mais. Ou seja, no cenário ruim, renda fixa é preferível às ações. Mas e se Levy, de fato, arrumar as contas públicas – e aqui há de se notar que, em que pesem as importantes dificuldades políticas e os meandros das negociações com o Congresso, o ministro tem feito bastante no sentido de reduzir gastos do Governo e aumentar impostos –, como ficamos? Ora, o ajuste fiscal passaria necessariamente por impostos mais elevados – como é o caso da reoneração da folha de pagamento, primeiro formulada como Medida Provisória e, posteriormente, como Projeto de Lei; e como pode ser o caso da tributação de dividendos. Ou seja, há, sim, uma chance de que o ministro venha a melhorar um pouco o balanço do Governo. Isso favoreceria os títulos de renda fixa, pois os investidores perceberiam um menor risco de calote e exigiriam menos prêmio para comprar notas soberanas brasileiras. Entretanto, a arrumação de casa viria às custas de impostos que representam menores margens de lucro para as empresas (a reoneração da folha implica maiores gastos com pessoal) e, possivelmente, tributação de dividendos. Ruim para as ações. No caso de sucesso ou de fracasso do ajuste fiscal, essa variável parece favorecer, claramente, a renda fixa, em detrimento à variável. Talvez ainda mais importante seja o fato de que a Bolsa brasileira nos parece cara nos níveis atuais, principalmente quando ponderamos o cenário para evolução dos lucros corporativos à frente e o elevado custo de capital – com o juro básico da economia brasileira em torno de 13% ao ano, cada vez que o sujeito abre mão de investir na renda fixa, ele liga um taxímetro que roda contra si à taxa de cerca de 1% ao mês.

O Ibovespa negocia hoje a 11,9 x lucros projetados para 2015. Isso significa um pequeno prêmio em relação à média histórica. Quanto mais alta a relação de **preço** sobre **lucro**, mais cara é uma ação (ou um índice de ações). Aqui já podemos fazer ressalvas bastante importantes. Qual seria a principal justificativa para uma ação (ou para um índice) negociar com múltiplos superiores à média história? Há duas mais tradicionais. A primeira é se o novo cenário implica uma redução do risco e maior previsibilidade frente à média histórica – aquilo que é menos arriscado deve mesmo valer mais. Ocorre, porém, que a incerteza agora mostra-se bastante grande. Diante da possibilidade de racionamento de água e energia, desdobramentos do Petrolão, crise política e chance de subida de taxas de juro no exterior, os riscos são gigantescos. Assim, pelas considerações associadas ao componente de risco, deveríamos negociar abaixo da média histórica – e não acima, conforme estamos. E a segunda razão para múltiplos mais altos seria a perspectiva de um crescimento acelerado dos lucros à frente, na comparação com a média histórica. Definitivamente, não é o caso. Com a recessão da economia (esperamos queda do PIB da ordem de 2%) e corrosão de margens operacionais das empresas (tanto por aumento de impostos quanto pelas maiores despesas com juros), os lucros corporativos devem crescer abaixo de 5% em 2015.

Somam-se a isso a confiança do consumidor e da indústria, simplesmente em suas mínimas históricas, pintando cenário bastante desafiador à frente. Essa combinação perversa advoga a necessidade de múltiplos, que são instrumentos clássicos de apreçamento dos ativos, abaixo da média. Estamos, porém, marginalmente acima da relação. Isso fundamenta uma das razões canônicas para a desconfiança com Bolsa. E há outras evidências de sobreapreçamento: com o custo de capital tão alto no Brasil (Selic a 12,75% e com viés de alta, muito acima do histórico recente), os múltiplos dos ativos substitutos à renda fixa deveriam estar mais comprimidos – e não mais altos, como temos visto na Bolsa.

O argumento referenda a tese de que, no geral, as ações brasileiras estão caras, enquanto a renda fixa mostra uma atratividade bastante interessante – como diria Delfim Netto, o Brasil ainda é o último peru com farofa da economia mundial. Ganhar 6,4% de juro real, ou seja, acima da inflação, com esse perfil de risco, tal como oferecido pelas NTN-Bs, é uma exclusividade brasileira e deve ser aproveitada.

A recomendação de exposição à renda fixa se dá, sobretudo, através de LFTs (títulos pós-fixados, que acompanham a taxa Selic) ou NTN-Bs (protegidos da inflação). Ambos os títulos podem ser comprados através do Tesouro Direto. A opção pelas LFTs se justifica pela possibilidade do Copom elevar ainda mais, e acima das projeções de consenso, a taxa Selic. Entendemos que o juro básico será levado a, pelo menos, 13,50% ao ano em 2015, com viés de alta. Já as NTN-Bs prestam uma função muito importante de proteção da inflação, além de oferecer, claro, um retorno muito significativo para esse perfil de risco. Esses dois títulos podem responder pela maior parte da exposição em renda fixa. Para quem busca alternativas às opções mais tradicionais, as LCIs e LCAs também podem ser interessantes. Essas Letras, ao menos por enquanto, são isentas de Imposto de Renda e conseguem oferecer retornos líquidos, em muitas situações, superiores ao CDI – o importante aqui é estar abaixo do limite do FGC (Fundo Garantidor de Crédito, de R$ 250 mil, para que não se incorra em risco de crédito.

Outra recomendação importante é manter-se atento a eventuais ofertas de debêntures de infraestrutura, que também são isentas de IR e pode oferecer retornos bastante convidativos.

Capítulo 3

Como viver num mundo que não entendemos? A resposta prática e epistemológica à nossa ignorância

Muitas pessoas – e isso é especialmente válido para os economistas – podem prever com grande precisão um fenômeno depois que ele acontece. Essa gente estava lutando contra mim quando eu as alertava para a tomada excessiva de riscos a que estavam se submetendo, em especial no sistema financeiro, antes do estouro da crise de 2008.

O mercado de capitais passou 12 anos construindo riscos sobre elementos que não entendemos, apoiados em modelos de gerenciamento de risco que simplesmente não funcionam. O discurso era: "Nós podemos lidar com os riscos, nós dispomos de boas ferramentas". Isso é inaceitável. Você tem um claro incentivo para que as pessoas – os financistas – ganhem dinheiro num ritmo constante, por um longo período, assumindo não estarem expostas a grandes riscos. Arrumam métricas sofisticadas para mostrar-lhe que gerenciam adequadamente os problemas. Esses modelos, todos baseados na ideia de média, variância e covariância, permitem que se ganhe dinheiro por bastante tempo. Mas, subitamente, há uma explosão e todo o lucro acumulado nesse intervalo é entregue de uma só vez (...)

Detalhemos do início. Eu trabalhei por muito tempo mesmo, como um *trader*. Minha grande briga era com pessoas que achavam que podiam compreender a probabilidade de ocorrência de um evento raro, em especial quando elas foram treinadas com os instrumentos clássicos de Economia e Finanças. Acreditando que podem medir a chance de acontecer um evento raro, estes grandes bancos tomam riscos gigantescos, enquanto nos dizem que estamos seguros. Colocam todo o sistema em perigo. Essas pessoas, de terno e gravata e providas da suposta autoridade de seus PhDs, acham que podem compreender o mundo. Elas querem que tomemos atitudes baseadas na compreensão delas sobre o funcionamento das coisas.

Eu faço o oposto. Eu acordo todos os dias sabendo que eu não sou capaz de compreender o que está acontecendo. Tenho tentado convencer as pessoas de que esta é a forma como devemos operar. Comprovadamente, nosso entendimento do mundo é extremamente fraco. Portanto, precisamos aprender a ser menos vulneráveis aos erros humanos. Aprender, hoje, a encarar um mundo que não conhecemos. Torna-se bem fácil operar quando você assume para si mesmo o não entendimento de determinadas coisas. As pessoas que estão tocando a reação a essa crise, Paulson (ex-secretário do Tesouro dos EUA) e Bernanke (ex-presidente do Fed), são, em parte, a causa desta crise, ao aplicar modelos que presumem o entendimento do mundo.

As palavras acima são um excerto de conversa, calorosa e constrangedora, entre Nassim Taleb e o economista Kenneth Rogoff conduzida pela Bloomberg, em outubro de 2008. O trecho resume o que talvez seja um mote de vida: *"How to live in a world we don't understand?"* (Como viver num mundo que não entendemos?).

Quando as pessoas me perguntam quando e como acontecerá a próxima crise, respondo: Eu simplesmente não sei. Não posso saber. Ninguém pode. Não há como atribuir a probabilidade de ocorrência para um evento raro. Está na definição dos cisnes negros a sua imprevisibilidade. O que se pode saber, porém, é que a aplicação de modelos econômicos e financeiros desde a crise de 2008, todos eles apoiados na noção de que estamos no controle e podemos compreender o mundo, suprime a volatilidade, esconde riscos e estimula excesso de alavancagem e crédito.

Estamos em terreno fértil para os *black swans*. Qualquer tentativa de ir além disso e predizer com exatidão o momento de ruptura das condições favoráveis é uma fraude epistemológica. Se você ouvir alguém defendendo a capacidade do futuro caber dentro de uma planilha de Excel, pode sentir-se à vontade para classificá-lo como charlatão.

Era dos extremos

Suponha que você possa selecionar aleatoriamente mil pessoas. Tome o peso médio em quilos dessa amostra. Anote. Agora adicione a pessoa mais pesada do planeta Terra à seleção. Vamos admitir que ela pese 250 quilos. Quanto o peso dessa última pessoa, a mais obesa entre todas, representará do peso total dos indivíduos compilados? Algo entre 0,5% ou 0,6%? E se repetíssemos o procedimento para 10 mil pessoas, a fração do peso de uma única pessoa, por maior que ela seja, daria um percentual ainda menos representativo do todo, quase irrelevante. Essa mesma dinâmica poderia ser replicada com altura, ingestão de calorias, grandezas físicas em geral.

Agora replique o experimento para a riqueza. Pegue essas mesmas pessoas previamente coletadas. Adicione ao grupo o homem mais rico do mundo. Os US$ 80 bilhões (ou algo parecido com isso) de Bill Gates representariam que percentual do todo? Seriam 99,9%? A soma de todos os outros significaria apenas uma questão de arredondamento. Para que o peso de uma pessoa contemple uma parcela igual àquela sugerida para o exemplo da riqueza, ela precisaria pesar simplesmente 23 milhões de quilos.

A mesma lógica do patrimônio vale para vendas de livros, referências na mídia, citações acadêmicas, tamanho de empresas, renda – grandezas sociais em geral. Aqui falamos, claramente, de dois mundos diferentes. No primeiro caso, eventos particulares não contribuem muito individualmente. Quando a amostra é razoavelmente grande, nenhuma observação isolada muda de maneira significativa o agregado. A ocorrência mais distante da média será ainda notável, mas sem grande interferência no resultado final. De forma diferente, para situações como a da riqueza, um único indivíduo pode representar quase a totalidade da amostra, com impacto totalmente desproporcional sobre o seu tamanho. A realidade é uma com Bill Gates na amostra. E outra, completamente distinta, sem ele.

Nassim Taleb criou uma terminologia para distinguir os dois mundos. O primeiro representa o "mediocristão", uma espécie de situação ou lugar em que as observações estão muito centradas na média, sem grande impacto dos extremos. O segundo é justamente o "extremistão", onde uma única informação pode ter consequência brutal sobre toda a amostra. O mercado de capitais, assim como a maior parte das questões sociais, pertence ao "extremistão". E, em nosso contexto, isso tem implicações expressivas para os cisnes negros. Conforme já apresentado, o cisne negro é um evento caracterizado por três elementos:

- ele é um *outlier*, ou seja, um dado fora da tendência, alheio às expectativas comuns – não há nada presente no passado que possa indicar sua ocorrência de forma convincente;
- exerce um impacto profundo; e
- possui, *a posteriori*, e somente *a posteriori*, uma justificativa para sua ocorrência, tornando-o supostamente previsível e explicável (após o fato).

Nas palavras do próprio Taleb:

> Um pequeno número de cisnes negros explica quase tudo no mundo, do sucesso de ideias e de religiões às dinâmicas de eventos históricos e a elementos de nossas vidas pessoais.(...) Simplesmente

imagine quão pouco sua compreensão do mundo na véspera dos eventos de 1914 (Primeira Guerra Mundial) o teria ajudado a adivinhar o que viria em seguida. (...) E a ascensão de Hitler com a guerra subsequente? O fim do bloco soviético? O crescimento do fundamentalismo islâmico? A disseminação da internet? A quebra do mercado de ações de 1987? (e a rápida recuperação posterior ainda mais inesperada?) Manias passageiras, epidemias, moda, ideias, a emergência de gêneros e de escolas artísticas. Tudo segue essa dinâmica do cisne negro. Literalmente, quase tudo de importância à sua volta pode se enquadrar nessa definição.

Se ainda não está convencido, tome sua própria existência como exemplo. Compare tanto os eventos efetivamente relevantes na esfera pessoal quanto as grandes mudanças tecnológicas que você presenciou. Quais aconteceram como o planejado e esperado? Como você tornou-se pobre ou rico, como conheceu seu (sua) cônjuge, os desafios que enfrentou, as doenças que teve... Quais desses eventos estavam programados da forma como aconteceram? Isso já tornaria a questão suficientemente relevante. Grave é constatar que todos os cientistas sociais – economistas e financistas incluídos – simplesmente desconsideram a existência do fenômeno, operando sob a falsa crença de que suas ferramentas podem medir a incerteza e antecipar os eventos à frente sem erros sistemáticos.

Como são tratados tradicionalmente os *outliers*? Pasmem! Eles são filtrados ou eliminados da amostra, pois "não pertencem à tendência". Mas muitas vezes eles determinam quase todo o resultado daquele processo ou variável. Joga-se fora a observação (ou a possibilidade dela) que corresponde a 99% do resultado.

Se você simplesmente derivar logicamente a definição dos cisnes negros, de que eles são imprevisíveis e explicam a maior parte do curso da história, chegará a um corolário fundamental: o que você não sabe é muito mais relevante do que aquilo que você sabe. O inesperado vai determinar a maior parte do seu futuro. E você precisa estar ciente disso. Se não podemos prever os eventos que mais impactam a evolução dos fatos, simplesmente não podemos antever o curso da história. Questão de lógica elementar. Isso contrasta fortemente com toda a abordagem associada ao materialismo histórico proposto por Hegel e, posteriormente, absorvido por Marx e Engels. Segundo essa abordagem, a história caminharia conforme as condições materiais presentes; sempre haveria causas bem definidas aos desenvolvimentos e às mudanças na sociedade humana. As classes sociais, a relação entre elas e as estruturas políticas determinariam o curso das coisas.

Como propôs Richard Dawkins, em *O relojoeiro cego*, não há materialismo histórico algum. Dawkins ilustra com precisão um mundo sem um grande desígnio, movendo-se por meio de pequenas mudanças aleatórias incrementais, e não por movimentos causais. A única discordância aqui proposta é a de que o mundo caminha por meio de grandes (e não pequenas) mudanças aleatórias incrementais. Os seres humanos, entretanto, desafiam o corolário e continuam agindo como se fôssemos capazes de prever eventos históricos e alterar o curso dos acontecimentos. Sob essa prerrogativa, confiamos na capacidade dos formuladores de política econômica de guiar-nos em direção a um futuro livre de surpresas negativas.

Em vez de tentar prever os cisnes negros, um paradoxo por definição, precisamos nos ajustar à sua existência, adotando posicionamentos que impliquem pequena perda no caso de materialização do cenário negativo e grandes ganhos na eventual concretização da surpresa positiva. Essa é a resposta prática e epistemológica à nossa ignorância sobre o futuro. Detalharei o ponto oportunamente, naquilo que chamarei de estratégia bipolar. Antes, porém, volto à divisão do mundo entre "mediocristão" e "extremistão" e suas consequências sobre o conhecimento.

Imagine que você tenha a missão de medir o peso das pessoas na Terra. Se você tiver acesso a uma amostra de cem pessoas, já poderá, com nível razoável de segurança, ter uma boa ideia do peso médio dos indivíduos. Diante de uma variável física ou de todas aquelas pertencentes ao "mediocristão", é possível ficar satisfeito com isso e não esperar grandes surpresas à frente. Nenhum evento isolado, não pertencente àquela amostra, vai dominar totalmente o fenômeno. Os cem primeiros indivíduos transmitem quase toda a informação relevante sobre os dados. E, ainda que haja uma surpresa no centésimo primeiro (imagine a incorporação da pessoa mais obesa do mundo aos dados), ela não significará muito para o todo.

Já se a mesma tarefa fosse medir alguma variável pertencente ao "extremistão", como a renda, por exemplo, haveria grande dificuldade para calcular a média da população, por maior que fosse a amostra. O resultado final poderia depender excessivamente da inclusão ou não de uma determinada informação – a relação ou não de Bill Gates na lista muda tudo. Uma unidade que afeta de maneira desproporcional a seleção poderia alterar por completo as conclusões. Em casos assim – e aqui falamos basicamente de todos os fenômenos sociais –, você sempre deve suspeitar do conhecimento derivado de dados. Estamos sujeitos à imposição do acidental e do imprevisto.

Como não ser o peru de Natal?

A possibilidade de uma surpresa abrupta e totalmente inesperada é um problema antigo da filosofia da ciência. Ele aparece inicialmente nas ideias de David Hume e refere-se basicamente à seguinte questão: como podemos ir, logicamente, do particular ao geral? Ou, analogamente, quando saber que os dados observados são suficientes para que determinemos as características e propriedades de um certo fenômeno? Como sabemos o que sabemos? Como predizer o futuro a partir do nosso conhecimento do passado? De acordo com Taleb, "Essas são armadilhas embutidas em qualquer tipo de conhecimento adquirido por meio da observação".

O filósofo Bertrand Russell propõe uma metáfora interessante para o problema que, aliás, já abordamos. Pense num peru alimentado diariamente. Cada refeição referenda a crença da ave na regra de uma alimentação regular e pontual, fornecida por aquela família bondosa e zelosa de seu melhor interesse. Na tarde que antecede o Natal, o peru terá uma grande surpresa: ele mesmo será o jantar. O peru tirou uma conclusão a partir da simples observação – exatamente como prega o rigor científico. A confiança na regularidade da alimentação pela família foi crescendo a cada refeição. Enquanto a ave sentia-se mais segura, sua morte ficava cada vez mais próxima. Seguindo a lógica, a confiança atinge o ponto máximo no momento imediatamente anterior ao torcer de seu pescoço. Todo o conhecimento acumulado no passado provou-se perversamente enganador.

Você observa uma variável hipotética durante mil dias. A partir dos dados históricos, infere propriedades de seu comportamento. Daí, faz projeções para o futuro a partir dessas conclusões. Até que, subitamente, acontece uma grande alteração no padrão, para qual você estava inteiramente despreparado.

Fonte: Empiricus Research.

Há uma confusão tradicional incorrida ao se trabalhar com dados históricos – e isso é especialmente válido para os modelos econômicos e financeiros. As pessoas interpretam ausência de evidência como evidência de ausência.

"Se um evento nunca ocorreu é porque não existe." Isso é obviamente uma falácia lógica, que implica grande falta de preparo para o desconhecido.

Nunca houve um ataque semelhante ao das Torres Gêmeas, um terremoto igual ao observado no desastre de Fukushima, o tsunami de 2004, a crise hídrica brasileira de 2015, os protestos de 2013. Por aí vai. O problema da indução é particularmente grave em Economia e Finanças justamente porque os modelos da "ciência jovem" apoiam-se integralmente na hipótese de ergodicidade. Em bom português, na visão de que os momentos da distribuição de uma variável (suas principais características, como a média e as medidas de dispersão) são preservados ao longo do tempo. Podemos, com isso, identificar um certo padrão de comportamento.

A importância da hipótese de ergodicidade é tal que certa vez Paul Samuelson chegou a dizer que foi ela a responsável por fazer a Economia sair do domínio da história para adentrar o domínio da ciência. A hipótese implica que a variável sob análise não tem sensibilidade a condições iniciais ou perturbações ao longo do processo, sendo, portanto, muito mais fácil tecerem-se conclusões universais a respeito dela. Obviamente, daí decorre nossa suposta capacidade de fazer previsões com nível adequado de assertividade. Essa é a cabeça típica dos economistas. O grande problema é que a realidade, diferentemente do que supõem os modelos, é não ergódica. Não podemos fazê-la caber numa planilha Excel. Com variáveis de cunho social – e é exatamente disso que estamos tratando aqui –, uma única informação pode alterar por completo as características da série. Os momentos da distribuição da variável (como média e variância) serão fatalmente afetados ao longo do tempo.

Os modelos econômicos acabam sendo apenas tentativas de reduzir a complexidade do mundo. Não haveria grande problema se não perdêssemos muitas informações importantes nesse processo. A simplificação da realidade não pode ser confundida com distorção do mundo e perda de elementos relevantes. Ao eliminarmos os cisnes negros, por definição de alto impacto, simplesmente retiramos do modelo a parte mais relevante. Com isso, as técnicas tradicionais em Economia remetem à metáfora de Procustus. A realidade é maior do que as planilhas. Mas, dada a perseguição dos economistas pela certeza, o mundo real precisa caber naquelas poucas linhas. Em vez de aumentar suas planilhas, adotar um novo método ou reconhecer a própria ignorância, cortamos as pernas da realidade para que ela possa inscrever-se naquela planilha.

Novamente apelando a Bertrand Russell, "A demanda por certeza é natural ao homem, mas não deixa de ser um vício intelectual". Nesse quadro, as inferências extraídas a partir de uma determinada amostra podem representar apenas um mapa errado. E isso é pior do que não ter mapa algum.

Como se posicionar se tudo é incerto?

A esta altura, talvez você esteja se perguntando, apenas por derivação lógica: "Se os cisnes negros são imprevisíveis e determinam o curso da história, não há o que fazer?" Somos incapazes perante à aleatoriedade e, portanto, resta-nos uma postura niilista? Definitivamente, não é o caso. Há muito a se fazer ao reconhecer a impossibilidade de previsão total, desde que, claro, você tenha consciência de seus limites. Em vez de tentar prever o imprevisível, devemos nos preparar para lidar com ele.

Como nos beneficiar da incerteza?

Esteja preparado para todas as eventualidades relevantes. Tente proteger-se dos cisnes negros negativos e, se possível, surfar os cisnes negros positivos. Há uma estratégia filosófica e pragmática para isso. Dei-lhe o nome de Estratégia Bipolar (no original, Nassim Taleb a apresenta como *Barbell Strategy*). Aqui, ela é exposta com exemplos econômicos e financeiros. Mas você pode generalizar basicamente para toda decisão relevante de sua vida que envolva incerteza. Aceitando sua ignorância em relação ao caráter opaco do futuro, sua suscetibilidade a erros de previsão e a fragilidade das medidas de risco tradicionais, sua estratégia deve sofrer uma clivagem clara entre dois polos. De um lado, você será ultraconservador, de tal sorte a blindar-se de qualquer evento negativo possível – note que não usei aqui a palavra provável; falo de meramente possível. Por pior que as coisas fiquem, esse seu lado muito seguro não pode ser afetado – ou, no extremo, será minimamente impactado.

Simultaneamente, deve assumir uma pequena posição ultra-agressiva. O objetivo aqui é capturar eventuais cisnes negros positivos. E, mesmo que haja impacto de um cisne negro negativo, sua posição será pequena e sua perda consolidada será pouco representativa. Note que, com isso, podemos considerar que sua exposição de risco poderá, inclusive, ir, no extremo, a zero. Se você não estiver alavancado – e é importante que não esteja –, seu prejuízo final será plenamente consolidado. Em resumo, você terá a maior parte de sua exposição em ativos (ou em situações reais) de mínimo risco, e uma reduzida fatia de papéis bem arriscados. Assim, na pior das hipóteses, sua posição de risco valerá zero, ferindo-o pouco no resultado agregado. Em contrapartida, essa pequena posição ultra-agressiva permitirá eventualmente surfar cisnes negros positivos.

O cenário negativo – basta supor que toda sua exposição de risco vai valer zero no futuro; em outras palavras, que você perde tudo que ali investiu – implica perda pequena, limitada àquela compra ultra-arriscada de percentual reduzido. E o cenário positivo, em contrapartida, oferece grandes retornos potenciais, quando sua posição de muito risco dá certo e aquela sua posição arrojada observa uma multiplicação de seus preços.

É muito importante que essa exposição de risco tenha caráter antifrágil. Ou seja, que se beneficie do choque, da volatilidade, do desconhecido, da incerteza. Que represente pequenas perdas potenciais no caso negativo, mas grandes lucros no cenário positivo.

Peço licença para abrir um breve parêntese. Logo retomo. A digressão vale a pena. Recorro à Carta de 50 anos da Berkshire Hathaway, escrita pelo multibilionário Warren Buffett, possivelmente o mais bem sucedido investidor de ações da história:

> Os preços das ações sempre serão mais voláteis do que outros ativos que representam equivalentes de caixa. Ao longo do tempo, porém, esses últimos são instrumentos muito mais arriscados na comparação com um portfólio diversificado de ações, que é comprado em determinado período e carregado por anos. Essa lição tradicionalmente não é ensinada nas escolas de negócios, onde a volatilidade é usada universalmente como proxy de risco. Embora essa premissa seja pedagogicamente útil para facilitar a vida dos professores e o entendimento dos alunos, está completamente equivocada. Volatilidade passa longe de ser um sinônimo de risco.

Há uma discussão mais profunda (e técnica) a esse respeito ao final do capítulo. Lá fica clara a diferença entre risco e volatilidade. Mais do que isso, argumento que há determinadas situações em que o ativo mais volátil pode ser preferível, por oferecer menor (e não maior) risco.

Volto ao tema central, a perseguição à antifragilidade. Buscamos aqui uma assimetria convidativa. Posições ultra-arrojadas, quando bem montadas, são capazes de oferecê-la. Na pior das hipóteses, podem valer zero – ou seja, você perde 100% do capital ali investido. Já no melhor quadro, podem ser multiplicadas por várias vezes, entregando muito mais do que 100% de ganho.

Os exemplos mais emblemáticos desse posicionamento entre os ativos financeiros são as opções fora do dinheiro – elas podem valer zero no vencimento, ou ser multiplicadas por "n" vezes. Em menor escala, as ações também obedecem ao racional – em razão da responsabilidade limitada do acionista (ele não responde com seus próprios bens a prejuízos na empresa), a ação que hoje está R$ 10,00 pode cair, no máximo, a R$ 0,00. Já do lado favorável, o ganho é ilimitado. Assimetria razoável *a priori*. Você pode perder, no máximo, 100% do capital. Mas pode ganhar muito mais do que isso, pois não há limite máximo para subida de uma ação; ela pode subir 100%, 200% ou até 1.000% nos casos favoráveis. Essa é a única estratégia que, diante da imprevisibilidade do curso da história, permite ao investidor e ao cidadão comum um risco controlado, com a preservação de interessante potencial de valorização. Como explica Taleb, *ipsis litteris*:

> Em vez de colocar o dinheiro em investimentos de "risco médio" (como se sabe que é de risco médio?), é necessário colocar uma parte, digamos 85% a 90%, em instrumentos extremamente seguros, como títulos do Tesouro – ou a classe mais segura de instrumentos que se pode encontrar no planeta. Você coloca os 10% ou 15% restantes em apostas extremamente especulativas, com o máximo possível de alavancagem (como opções), preferivelmente em carteiras com aplicações em capital de risco (venture capital). Dessa forma, você não depende de erros de gerenciamento de risco; nenhum cisne negro pode feri-lo de jeito nenhum além de seu piso.

Nas apostas do polo de muito risco, é importante que se façam muitas pequenas apostas, evitando exposição a um único potencial cisne negro. O maior número possível delas. Quanto mais disperso estiver seu capital nesses casos, melhor. Lembre-se estamos falando de coisas que ganham muito no caso positivo, com poder de multiplicação. Logo, bastará um único acerto para justificar vários outros erros. Estamos diante de um processo de tentativa e erro aqui, em que o maior número de tentativas aumenta suas chances de acerto, com retornos positivos suficientes para compensar os equívocos. Tomemos um exemplo extremo para facilitar a compreensão do argumento. Se você fizer 10 apostas e uma delas for multiplicada por 10, todas as outras poderão ser grandes fracassos e, ainda assim, você não estará no prejuízo.

Direto ao ponto: o que seria uma carteira bipolar no Brasil ideal para o momento?

Embora a referência original remeta a uma alocação típica de 85/90% em ativos ultrasseguros, a gravidade da situação corrente parece-nos exigir parcimônia ainda maior. Prudência e dinheiro no bolso, canja de galinha não faz mal a ninguém. Recomendo uma alocação entre 90/95% (de preferência, mais perto de 95%) a ser alocada em investimentos conservadores. Você pode conseguir isso através de uma combinação de:

- Títulos soberanos, que podem ser adquiridos via Tesouro Direto, agora com o atrativo adicional de possuírem liquidez diária. A maior parte da alocação deve estar centrada nas LFTs (títulos pós-fixados, agora chamados de Tesouro Selic). É importante também ter uma fatia (menor, mas relevante) de NTN-Bs (títulos atrelados à inflação).
- Moeda forte, em especial, de dólar. A forma mais simples de fazê-lo é por meio de fundos cambiais.
- Ouro, que é a reserva de valor clássica e pode se beneficiar fortemente do excesso de liquidez introjetado no sistema a partir da expansão do balanço dos Bancos Centrais desde a crise de 2008.

Os demais investimentos (cerca de 5%) devem ser divididos entre ações (maior parte) e opções (pequena fatia).

Apêndice Técnico – Volatilidade não é risco[9]

Esta é uma seção bastante técnica. Ao leitor leigo, curioso ou apenas interessado no pragmatismo das recomendações, sugere-se pular para a seção seguinte. As próximas linhas têm o objetivo de contribuir para o debate estritamente acadêmico. Portanto, se não for esse seu foco, pode esquecer essas páginas. Não haverá prejuízo algum a entendimento do argumento e das recomendações aqui prescritas.

Quando um ativo pode ser considerado mais arriscado do que outro? Há um fato estilizado bem tradicional que associa o risco à maior volatilidade, aqui medida pela variância (ou desvio-padrão) do ativo subjacente.

---
9 Sugerimos a leitura do livro *Intermediate Financial Theory*, de Jean-Pierre Danthine e John B. Donaldson (Elsevier Academic Press, 2005).

No universo acadêmico, porém, a partir de artigo de Michael Rotschild e Joseph Stiglitz, de título *Increasing Risk: A Definition*, publicado no *Journal of Economic Theory*, em 1970, consolidou-se ideia um pouco diferente. A definição de maior ou menor risco está, estritamente, atrelada aos conceitos de Dominância Estocástica e *Mean Preserving Spread* (Espalhamento Conservando a Média), apresentados a seguir. Começo com a definição de Dominância Estocástica de Primeira Ordem:

Sejam Fa(X) e Fb(X) as distribuições acumuladas de probabilidade de duas loterias A e B, então Fa(X) domina estocasticamente Fb(X) em primeira ordem se, somente se Fa(X)> e Fb(X), para qualquer X de interesse.

Segundo a teoria econômica tradicional, se um ativo domina o outro estocasticamente em primeira ordem, então ele será preferido por qualquer agente racional, independentemente de seu grau de aversão a risco.

Pense por exemplo na loteria A, que paga R$ 10 com 40% de chance, ou R$ 100, com 60% de chance. E na loteria B, que remunera R$ 10 com 40% de probabilidade, R$ 100 com 40% de chance e R$ 2.000 com 20% de chance. Para qualquer agente racional, B será preferível a A.

E agora a Dominância Estocástica de Segunda Ordem: Sejam Fa(X) e Fb(X) as distribuições acumuladas de probabilidade de duas loterias A e B, então Fa(X) domina estocasticamente Fb(X) em segunda ordem se, e somente se:

$$F_A(x) \overset{SSD}{>} F_B(x) \iff \int_{-\infty}^{x^*} F_A(x^*)\, dx \leq \int_{-\infty}^{x^*} F_B(x^*)\, dx$$

Isso para todo X, com pelo menos uma desigualdade estrita.

O gráfico a seguir mostra uma situação em que há dominância estocástica de segunda ordem, mas não há de primeira ordem. A integral (área abaixo da curva) da linha I é sempre superior à da linha II.

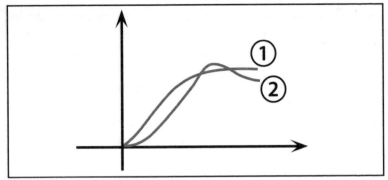

Fonte: Empiricus Research.

Se um ativo domina o outro estocasticamente em segunda ordem, então será preferido por qualquer agente avesso ao risco. Por fim, o conceito de *Mean Preserving Spread* (MPS):

Xb é um MPS de Xa quando:
Xb = Xa + v, com:
- E(v) = 0 (A média da variável v é zero, o que garante a preservação da média de Xa)
- Corr [Xa, v] = 0 (A perturbação v é não correlacionada com Xa)

Do conceito, extrai-se um teorema importante: "Se Xb é um MPS de Xa, então A domina estocasticamente B em segunda ordem." A abordagem de MPS é particularmente útil para loterias simples ou para distribuições definidas a partir de média e variância, como normal (gaussiana), log-normal e triangular.

Qual o problema dessa abordagem, universalmente ensinada nas escolas de finanças e economia? É simplesmente porque ela está em total descompasso com a ideia dos cisnes negros. Se não há ergodicidade e os cisnes negros dominam o curso da história – a esta altura, espero que você já esteja convencido disso –, um ativo pode dominar estocasticamente e/ou ser um MPS de outro e ser mais arriscado. Isso porque a distribuição histórica daquele ativo não contempla eventos raros. Lembre-se que falamos de distribuições por amostragem (não populacionais); ou, se não for uma distribuição amostral, será uma platonizada *ad hoc* pela cabeça de algum economista ou analista. Não estamos falando de exceções aqui. A maior probabilidade é justamente de que o evento raro ainda não tenha se manifestado naquela determinada amostra, pois ele é raro, afinal.

Como não acontece com frequência, o cisne negro pode não ter aparecido no passado, mas o fará no futuro. Um ativo de menor dispersão pode ter sua variância suprimida e esconder riscos bastante grandes à frente – a ideia do peru de Natal não somente fere a abordagem de dominância estocástica e MPS; ela representa uma visão diametralmente oposta. Indo além, os cisnes negros não pertencem sequer aos resultados questionados. Para variáveis do "extremistão" – e os ativos financeiros pertencem a esse arcabouço –, não é possível nem atribuir uma função de probabilidade ou os momentos dessa distribuição.

Maiores medidas de dispersão e volatilidade podem dizer mais sobre um ativo e permitir ao investidor que trabalhe melhor com suas expectativas. Lembre-se: você só será ferido gravemente se for pego de surpresa. Nesse sentido, pode haver muito mais risco num ativo de menor dispersão e volatilidade, porque ele transmitirá a falsa impressão de um comportamento calmo e estável. Esse instrumento pode apenas esconder surpresas muito negativas à frente, disfarçando-se de pouco arriscado. A chance de que isso o pegue desprevenido e cause prejuízos irrecuperáveis é muito maior em casos assim do que naqueles em que você já percebe, a priori, a possibilidade de uma grande dispersão.

Não precisamos de um mapa errado.

Capítulo 4

Desta vez é diferente. Ou, o Brasil está frágil

No dia 29 de outubro de 2013, Delfim Neto publicou, no jornal *Valor Econômico*, um artigo intitulado A tempestade Perfeita. O ex-ministro alertava para desequilíbrios nascentes da economia brasileira, como o represamento de determinados preços e a dinâmica do endividamento, que, se não fossem devidamente cuidados, levariam a um cenário bastante negativo. Aos desajustes incipientes somar-se-iam dois novos elementos: i) a redução do rating soberano; e ii) a subida da taxa básica de juro nos EUA.

Essa combinação resultaria na tal "tempestade perfeita", de impactos perversos sobre a nossa economia. Dada a enorme dificuldade de debate, mesmo entre a "mídia especializada", o artigo gerou grande polêmica. Sem os efeitos imediatos da tal "tempestade", o ministro Delfim foi defenestrado. Acusado de pessimista – e muitos outros adjetivos com os quais o humilde redator destas linhas já convive há certo tempo –, teve de voltar ao próprio Valor para explicar-se, no artigo *Ainda a tempestade perfeita*, de 5 de agosto de 2014. Começou assim:

> Nada me incomoda mais do que ser chamado de pessimista. Alguém com 86 anos de idade precisa ser um idiota para sê-lo. Diante das bárbaras interpretações que têm sido feitas de um artigo publicado nesta mesma coluna de título A tempestade perfeita, peço licença ao Valor e aos leitores para transcrevê-lo.

Como se precisasse de justificativas, seguia por várias linhas tentando esclarecer as minudências do argumento. O segundo artigo era desnecessário. Não somente porque a liberdade de expressão – ao menos por enquanto – ainda é uma prerrogativa constitucional. Mas porque Delfim estava certo. Rigorosamente certo.

Se querem criticá-lo pelo *timing*, então a acusação deve ser geral. A identificação exata do momento da catálise dos mercados e das economias não nos pertence. Nem aos economistas, nem aos meteorologistas. Talvez quando regulamentarmos a profissão de futurólogos, poderemos cobrá-los de maneira mais enfática. Caso observemos uma nuvem negra se aproximando, o máximo que podemos dizer é: vai chover. E isso já é muito útil.

Este capítulo tem um objetivo bastante claro. Demonstrar que o eventual estouro de crise externa agora pegaria o Brasil num momento de grande fragilidade, muito diferente da situação vivida na última crise internacional.

Se, nos anos 2008 e 2009, a onda desencadeada pelo estouro da bolha imobiliária nos EUA chegou aqui como simples "marolinha", agora os desdobramentos dos excessos da liquidez global serão transformados em *tsunami*. A "tempestade perfeita" está a caminho, e chegará justamente num momento de enorme fragilidade. A afirmação deriva, em grande medida, da visão de que, diferentemente do observado na crise anterior, agora o Brasil está impedido de fazer políticas fiscal e monetária anticíclica. Estamos simplesmente sem capacidade de reação. Ao contrário, conforme ficará claro, a resposta exigida de política econômica poderá, inclusive, aprofundar a recessão.

Se o prognóstico de uma ruptura externa se materializar, o Brasil dificilmente encontrará espaço para cortar juros. Segundo Guilhermo Calvo, os mercados emergentes sofrem de interrupções súbitas de fluxos de capital. No caso de recrudescimento abrupto das condições de liquidez internacional, o Banco Central brasileiro, em um contexto em que o déficit da balança comercial é o maior da série histórica e o saldo negativo em transações correntes supera 4% do PIB, pode se ver obrigado a subir sua taxa básica de juro, para inibir a fuga de capitais e descontrole da taxa de câmbio. Somente assim poderíamos impedir um quadro de estrangulamento do investimento externo. Teremos de subir muito a remuneração dos títulos brasileiros para segurar o capital por aqui. Há que se ter em mente a dimensão do problema: estamos falando de uma liquidez excedente de US$ 100 trilhões e uma mudança nesse quadro teria um efeito devastador sobre o fluxo de recursos aos países emergentes.

Em paralelo, se uma recessão imposta por crise internacional tradicionalmente encontra como resposta de política econômica doméstica o aumento dos gastos públicos, em linha com a prescrição tradicional da cartilha keynesiana, essa prerrogativa teórica poderia não encontrar sua contrapartida prática.

O Brasil encerrou o ano de 2014 com déficit nominal de 6,7% do PIB e, conforme ficará claro à frente, com uma dinâmica perversa para a dívida. O País está no primeiro degrau do *investment grade* pela agência Standard & Poor's, sem folga, portanto, para ter um rebaixamento e não ser colocado na categoria de grau especulativo – Moody's e Fitch mantêm o Brasil num nível acima daquele da S&P, mas podem rebaixá-lo a qualquer momento.

A opção pelo ajuste fiscal sob o comando do ministro Joaquim Levy é clara – não fazê-lo certamente retiraria do País o selo de bom pagador, com consequências nefastas para os prêmios de risco, o mercado de crédito, as taxas de juro, o câmbio e o crescimento econômico. Em outras palavras, os fundamentos macro locais estão completamente fora do lugar. Os formuladores da política econômica brasileira não fizeram o dever de casa no momento da bonança e agora estão impossibilitados de reagir a uma crise externa com quedas de juros e aumento dos gastos públicos. Com efeito, para evitar fuga de capitais e o *downgrade* soberano, precisariam aumentar a Selic, cortar gastos e aumentar impostos. Obviamente, isso agravaria a recessão, inviabilizando o ajuste fiscal conduzido pelo competente ministro Levy. A consequência mais impiedosa seria o abandono da agenda ortodoxa e a retomada do ensaio nacional-desenvolvimentista, batizado de "Nova Matriz Econômica", característico dos anos de 2010 a 2014, e grande responsável pelo trágico quadro de estagnação da economia, inflação acima da meta, descontrole das contas públicas e elevado déficit externo.

Da robustez à fragilidade

Embora não tenha saído incólume, o Brasil trafegou relativamente bem pela crise de 2008, a última relevante no cenário internacional. Isso aconteceu basicamente porque a ruptura externa afetou-nos quando mantínhamos sólidos fundamentos macroeconômicos. O País estava robusto e podia enfrentar com resiliência choques exógenos. O estouro da bolha imobiliária norte-americana aconteceu num momento em que os formuladores de política econômica, aqui dentro, puderam reagir com intensidade. Havia espaço para responder com expansão fiscal e monetária, garantindo, na ausência de uma crise bancária internamente, que o Brasil estivesse entre os primeiros a se recuperar.

Diante do comportamento, abusando de sua habilidade de comunicação com as massas, o presidente Lula batizou a crise de 2008 de "marolinha". Retórica excessiva à parte, era uma forma de caracterizar a capacidade doméstica de amenizar os efeitos da grave crise internacional. A soma de uma gama ampla de fatores deu ao País a condição de reação súbita e intensa nas políticas fiscal e monetária. Entre eles, destaca-se a manutenção de uma política macroeconômica sólida. De 1999 a 2008, a condução macro foi caracterizada pelo famoso tripé macroeconômico, marcado por câmbio flutuante, metas de inflação (a serem perseguidas pelo instrumento clássico da taxa básica de juro) e compromisso com austeridade fiscal. Estávamos rigorosamente alinhados com o que havia de melhor em termos globais.

Em paralelo, o País perseguiu uma agenda de reformas microeconômicas, na tentativa de desatar nós setoriais e obter ganhos de produtividade. Não havia incentivos ou intervenções discricionárias, tampouco alterações súbitas das regras do jogo de forma sistemática. Em linhas gerais, o gerenciamento microeconômico estava alinhado aos preceitos clássicos do capitalismo de mercado, sintetizados em quatro vias: direito de propriedade, respeito aos contratos, obediência às sinalizações dos sistemas de preços (quantidades ofertadas e demandadas se movem conforme os valores dos produtos) e apoio do governo a tudo isso (não como empresário, mas no sentido de estabelecer as regras para o bom funcionamento dos três primeiros pilares).

Outros quatro fatores foram importantes para que chegássemos a 2008 com capacidade de enfrentamento à crise. O primeiro se refere à herança de um arcabouço institucional muito mais favorável do que aquele observado ao final dos anos 90. O estabelecimento de marcos regulatórios, as agências reguladoras, a Lei de Responsabilidade Fiscal, o saneamento dos bancos públicos e estaduais são alguns dos exemplos dessa assertiva. Sem abusar dos ensinamentos de Douglas North e da Economia Institucional em geral, a importância da clareza e do bom funcionamento das regras do jogo foi – e sempre será – fundamental ao desenvolvimento de longo prazo. No clássico *Por que as nações fracassam*, James Robinson e Daron Acemoglu explicam como as instituições inclusivas são importantes para a caminhada de um país pobre em direção ao desenvolvimento – e o final da década de 90 e o começo de 2000 obedeceram justamente a essa lógica.

O segundo ponto, talvez o mais relevante entre todos, não nos pertenceu estritamente. Veio de algo exógeno. Havia uma China no meio do caminho e isso mudou por completo a demanda por *commodities*, favorecendo os países exportadores de matérias-primas. Os termos de troca, ou seja, a relação entre os produtos exportados e os importados melhoraram dramaticamente nos anos imediatamente anteriores a 2008. Tomando o ano de 1950 como base, o índice do que vendemos ao exterior contra o que compramos marcou 77 pontos em 2002. No ano de 2011, essa referência chegou a 105 pontos. Ou seja, houve um ganho brutal de 36% vindo de fora que simplesmente poderia ser redistribuído internamente.

Se olharmos somente o que vendemos ao exterior, a evolução é ainda mais expressiva. Conforme denotam Alexandre Schwartsman e Fábio Giambiagi, em seu livro *Complacência*:

No caso do preço das exportações, especificamente, o ocorrido depois de 2002 é simplesmente espantoso: enquanto que entre 1975 e 2002 o índice de preço das exportações de produtos básicos do Brasil foi o mesmo – com oscilações durante o período, naturalmente – em 2013, mesmo após uma certa queda em relação a 2011, a variável foi nada menos do que 237% superior à de 2002. Os deuses sorriram para o Brasil depois de 2003.

O terceiro ponto decorreu da farta liquidez internacional, com juros no exterior sendo mantidos em níveis excepcionalmente baixos, garantindo fluxo de recursos aos mercados emergentes e, junto à melhora dos termos de troca, estabilidade de suas taxas de câmbio. A variável mais crítica aqui é o juro do título de 10 anos do Tesouro norte-americano, que saiu de algo em torno de 4,50% ao ano em 2006 e 2007 para o patamar de 2% ao ano. O comportamento da taxa de juro de curto prazo nos EUA também é emblemático: a *Fed Funds Rate* rodava em torno de 5% ao ano entre 2006 e 2007, caindo posteriormente para a incrível marca de 0%.

Por fim, o último elemento: havia capacidade da oferta agregada brasileira, com certa facilidade, responder aos incrementos da demanda. Explico melhor. O desemprego estava bastante alto no começo dos anos 2000. Assim, diante de um bom contingente de desempregados, pronto para ser absorvido pelo mercado de trabalho, era razoavelmente fácil absorver impulsos da demanda agregada sem desequilíbrios. Ao primeiro sinal de maior procura, bastava empregar mais gente e a oferta agregada crescia. Sem solavancos, sem inflação. Se a economia estivesse em pleno emprego e não existisse esse exército de reserva, haveria muito mais dificuldade para responder a avanços da demanda agregada. Bateríamos no limite da capacidade de contratar.

Sem a possibilidade de gerar novos empregos, o único jeito de ampliar a oferta agregada é por meio de ganhos de produtividade. Para atender à maior procura, ou você adiciona mais trabalhadores ou os torna mais produtivos. Caso contrário, se não conseguirmos expandir a quantidade ofertada por aqui, o aumento de demanda só poderá ser atendido por meio do incremento das importações e/ou de mais inflação. Breve digressão: é exatamente esse quadro de esgotamento da possibilidade de maior contratações o observado desde 2013 – volto a isso oportunamente.

No começo dos anos 2000, a situação, porém, era diferente. A taxa de desemprego marcava 12%, tendo caído para 5,5% em 2013. Como explicam Schwartsman e Giambiagi, "A política de 'pau na máquina', na base de maciças injeções de demanda, tinha campo fértil para prosperar em tais circunstâncias durante alguns anos – mas não indefinidamente."

Por um tempo, podíamos fomentar a demanda agregada, sem grandes preocupações com a oferta, que reagiria naturalmente empregando mais gente. E assim foi feito. Funcionou durante um tempo. Tínhamos sólidos fundamentos e espaço para contratar diante de desemprego alto. Às vésperas do estouro da bolha imobiliária nos EUA, estávamos preparados. Havia espaço para responder à crise pela via dos estímulos à demanda. Affonso Celso Pastore, em seu livro *Inflação e Crises*, resume a capacidade de adoção de políticas anticíclicas em reação à crise de 2008 nas seguintes bases:

> Primeiro, porque tendo reduzido a dívida líquida em relação ao PIB e passando a financiá-la somente com títulos públicos denominados em reais, o governo poderia usar a política fiscal para combater a recessão provocada pelo contágio da crise. (...)
>
> Segundo, porque o Banco Central havia dominado o forte choque inflacionário ocorrido durante a crise de confiança de 2002/2003, trazendo a inflação na direção da meta, coroando o seu sucesso com a manifestação de confiança ao longo do ano de 2007, quando as expectativas de inflação permaneceram significativamente abaixo da meta, dando-lhe maior liberdade de usar a política monetária como instrumento contracíclico. Finalmente, porque no Plano Real ocorreu o saneamento do sistema bancário, que no início da crise estava capitalizado.

Essa reunião de fatores garantiu ao Brasil chegar robusto à crise de 2008. Quando o choque internacional veio, estávamos aptos para enfrentá-lo. Tivemos condições de reagir usando as políticas monetária e fiscal, e do canal do crédito. E assim foi feito, permitindo que Brasil, já em 2010, superasse o contágio. Fomos um dos primeiros países a sair da crise.

Na política monetária, o passo imediato foi a utilização do tradicional instrumento da taxa básica de juro, reduzida dramaticamente em resposta à quebra do Lehman Brothers, em 15 de setembro de 2008. A Selic passou de 13,75% ao ano em 10 de setembro de 2008 para 8,75% ao ano em 22 de julho de 2009, conforme mostra o gráfico abaixo:

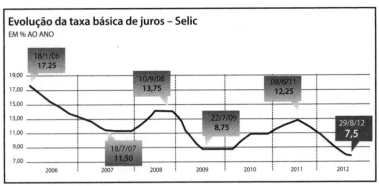

Fonte: Banco Central do Brasil.

Ainda no escopo da política monetária, houve uma série[10] de medidas, algumas delas adotadas em caráter quase instantâneo, em prol da redução dos depósitos para os bancos, de modo a fomentar o canal do crédito. Conforme explica Pastore:

> No Brasil, diferentemente do que ocorreu nos Estados Unidos, os bancos não tinham problemas de solvência, o que impediu

---

10 No dia 24 de setembro de 2008, foi postergada de 16 de janeiro para 13 de março a adoção da alíquota de 25% sobre recolhimento compulsório em títulos federais sobre depósitos interfinanceiros de sociedades de arrendamento mercantil. E foi ampliado de R$ 100 MM para R$ 300 MM o valor a ser deduzido pelas instituições financeiras do cálculo da exigibilidade adicional sobre depósitos a prazo, de poupança e à vista. No dia 2 de outubro de 2008, foi dada autorização às instituições financeiras para abater do depósito compulsório sobre depósitos a prazo o valor de aquisição de operações de crédito de outras instituições financeiras. Em 8 de outubro daquele ano, o valor a ser deduzido pelas instituições financeiras do cálculo do compulsório de depósitos a prazo, feito em títulos públicos, foi elevado de R$ 300 MM para R$ 700 MM. Ademais, a alíquota usada para cálculo da exigibilidade adicional sobre depósitos a prazo e à vista foi reduzida de 8% para 5%.
No dia 13 de outubro de 2008, houve, conforme a necessidade de liquidez dos mercados, a liberação integral dos recolhimentos compulsórios sobre depósitos a prazo, sobre os depósitos interfinanceiros e sobre a exigibilidade adicional de depósitos à vista e a prazo, no total de R$ 100 bilhões.
E no dia 16 de outubro de 2008, foi abatido do recolhimento compulsório sobre depósitos a prazo a aquisição junto a outros instituições financeiras de uma série de ativos.

uma contração mais intensa e duradoura do crédito. Porém, o Banco Central também teve de atuar como emprestador de última instância, embora em intensidade muito menor do que nos Estados Unidos e na Europa. Reduziu o recolhimento compulsório sobre depósitos à vista e a prazo, buscando amenizar os efeitos da cessação do funding externo e do empoçamento da liquidez no caixa dos grandes bancos sobre os empréstimos em reais. Foi também ampliado o Fundo Garantidor de Crédito, que dava garantias sobre depósitos e aplicações financeiras por parte de investidores domésticos até um dado limite.

Houve, claro, algum impacto da crise sobre a concessão de crédito. O gráfico abaixo, porém, extraído do livro Inflação e Crises, ilustra como a recuperação se deu de forma rápida e intensa:

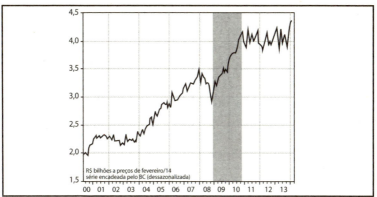

Fonte: Empiricus Research.

O expansionismo dos formuladores de política econômica, obviamente, não restringiu-se ao lado monetário e ao canal de crédito. A política fiscal também foi fortemente usada com objetivo de preencher o hiato do produto e inibir maior impacto da crise externa sobre a atividade corrente. A queda substancial do superávit primário entre 2008 e 2009 atesta o uso dos gastos do Governo como medida anticíclica. O superávit primário entre 2002 e 2008 flutuou em torno de 3,5% do PIB. A partir daí, passou a situar-se em torno de 1,5% do PIB, quando ajustado por manobras contábeis. A imagem abaixo, também tirada o livro Inflação e Crises, referenda o argumento:

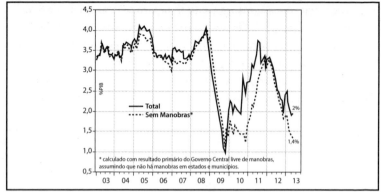

Fonte: Empiricus Research.

Com fundamentos macroeconômicos no lugar, sem crise bancária e em meio a essa série de medidas anticíclicas, o Brasil mostrou uma recuperação relativamente rápida. Já em 2010 havíamos superado o contágio - naquele ano, o crescimento do PIB marcou expressivos 7,5%.

O comportamento do emprego e a duração da recessão são exemplos emblemáticos da rápida contenção das mazelas da crise. Entre 2007 e 2009, a taxa de desemprego no Brasil aumentou apenas 1 ponto percentual, para 8,5%, passando a cair nos anos seguintes. Nos EUA, o desemprego saiu de 4,4%, na metade de 2007 para 10% ao final de 2009. Na Europa, o incremento foi de 7,7% para 10% nesse intervalo. Em adição, a recessão durou apenas dois trimestres no Brasil, cinco trimestres na Europa e sete trimestres nos EUA. O comportamento da produção industrial dos diversos países, evidencia a maior agilidade brasileira frente às demais nações para sair da crise.

Em resumo, estávamos bastante preparados para enfrentar a crise e, de fato, o fizemos. O Brasil esteve entre os países menos afetados e foi um dos primeiros a superar os efeitos do contágio. Certamente, a contribuição das políticas econômicas anticíclicas, somadas à robustez dos fundamentos quando do choque externo, foi determinante nesse processo. Isso não quer dizer que tenhamos atravessado a crise incólumes. O Brasil sofreu, sim, com o estouro da bolha imobiliária nos EUA, mesmo dispondo de sólidos indicadores macroeconômicos. Existem vários elementos capazes de comprovar a afirmação.

Aqui, cito apenas alguns deles, já suficientes para fundamentar o ponto. O impacto mais evidente é sobre a atividade econômica como um todo. O PIB retraiu-se em 2009, pela primeira vez naquela década. De um crescimento econômico de 5,17% em 2008 em 2008, passamos a uma retração de 0,33% no ano seguinte.

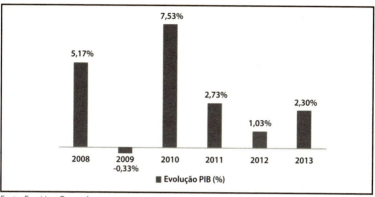

Fonte: Empiricus Research.

O tombo no emprego também foi imediato. Comparando apenas os meses de outubro de vários anos, de modo a filtrarmos pela sazonalidade, a resposta do mercado de trabalho à quebra do Lehman Brothers em setembro de 2008 veio de maneira instantânea. O "V" apresentado no gráfico abaixo é emblemático nesse sentido:

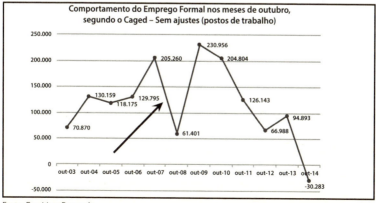

Fonte: Empiricus Research.

E a evolução da produção industrial obedeceu rigorosamente à mesma dinâmica, conforme demonstra a imagem a seguir:

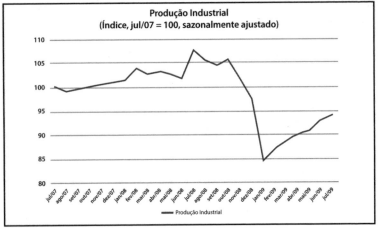

Fonte: Empiricus Research.

De forma semelhante ao observado na economia real, mas com intensidade talvez maior, o mercado de capitais sentiu os efeitos da ruptura externa de maneira expressiva. Como exemplos, a taxa de câmbio subiu fortemente, com o real chegando a se desvalorizar 56%, e o principal índice de ações brasileiro marcou queda de até 60%. Os gráficos abaixo mostram o comportamento dessas duas variáveis, na respectiva ordem:

Fonte: Empiricus Research.

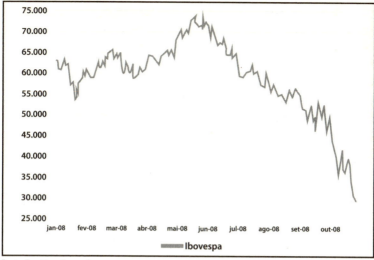

Fonte: Empiricus Research.

Da argumentação até aqui exposta, decorre, por derivação lógica, a pergunta corolário: Se houve impactos significativos por aqui da crise externa mesmo quando dispúnhamos de sólidos fundamentos e podíamos contar com políticas anticíclicas, como seria na eventualidade de um choque internacional acometer-nos quando de grande fragilidade econômica e política, sem capacidade de reação à crise? Eis o ponto nevrálgico.

A inflexão de 2010

Se as diretrizes de política econômica foram, em linhas gerais, as mesmas entre 1999 e 2008/2009, o mesmo não se pode dizer a partir daí. Até aquele momento, a condução era marcada pelo clássico tripé macroeconômico (câmbio flutuante, sistema de metas de inflação e metas fiscais) e por uma agenda microeconômica em prol de instituições inclusivas, alinhadas aos preceitos do capitalismo de mercado. Em especial a partir de 2010, há uma mudança importante. Inicia-se no Brasil aquilo que foi denominado "Nova Matriz Econômica", nas palavras do ministro Guido Mantega, ou ensaio nacional desenvolvimentista, mais alinhado a uma espécie de capitalismo do Estado.

A nova matriz caracterizava-se pelo afrouxamento dos pilares do tripé macroeconômico e por uma agenda microeconômica diferente da anterior, marcada por excesso de intervencionismo estatal, represamento de preços administrados e modicidade tarifária, subsídios discricionários (cuja eficiência jamais foi medida), aumento da participação dos bancos públicos e adoção da política de campeões nacionais (certos grupos eleitos, não necessariamente por critérios técnicos, para receber privilégios do Estado).

Deixe que o próprio governo qualifique a nova matriz econômica. Em dezembro de 2012, Márcio Holland, então secretário de política econômica, deu entrevista ao jornal Valor Econômico apontando três novas diretrizes do lado macro: (i) perseguição de taxa de juro baixa; (ii) taxa de câmbio competitiva; e (iii) "consolidação fiscal amigável ao investimento".

Sobre o primeiro ponto, Holland se referia basicamente à queda de 5,25 pontos percentuais na taxa Selic em 12 meses. Isso, supostamente, permitiria aos agentes econômicos rever seus modelos de negócio e criar um ambiente favorável ao crescimento. O Governo Dilma havia começado com taxa Selic de 10,75% ao ano, levara o juro básico num primeiro momento a 12% para combater a inflação e logo implementara afrouxamento intenso, conduzindo a Selic ao piso histórico de 7,25% ao ano. O problema aqui é que não houve o encontro de um novo equilíbrio estrutural para o juro básico. Observamos, momentaneamente, uma janela de oportunidade, aberta por uma combinação sem precedentes de juros nominais negativos no exterior, choques positivos de oferta e ampliação do hiato do produto doméstico em decorrência do estouro da bolha imobiliária nos EUA.

Com a perseguição deliberada de uma taxa de juro baixa, entrávamos num período de relaxamento do compromisso com as metas de inflação – ao menos, com o centro da meta. A partir de 2010, não houve um ano sequer que o Banco Central tenha atingido a inflação definida pelo centro da meta (de 4,5%). A inflação média do Governo Dilma, no primeiro mandato, foi de 6,2%. Uma representação quase anedótica dessa assertiva acontece em agosto de

2011, quando o Banco Central interrompe o ciclo de alta da Selic e inicia imediatamente um processo de redução do juro básico, mesmo com as expectativas de inflação subindo e com a inflação corrente acima da meta.

Affonso Celso Pastore destaca também o ano de 2010 como marco para mudança na condução da política monetária. Ele afirma:

> No início daquele ano, a recessão no Brasil já havia terminado, e a produção industrial já havia retornado ao pico prévio. Em adição, a economia se beneficiou de um novo impulso externo, que veio da combinação de ganhos de relações de troca com forte aumento nos ingressos de capitais. A rápida recuperação da China acarretou um aumento sem precedente dos preços internacionais de commodities, com reflexos no crescimento do PIB, e a liquidez internacional vinda da expansão do balanço do Fed inundou o mercado financeiro, provocando elevados superávits no balanço de pagamentos mesmo diante do aumento do déficit nas contas correntes. Temos que adicionar a todos estes fatores de expansão os efeitos da política fiscal (detalharemos mais à frente). Nestas circunstâncias, era necessário elevar a taxa de juros, e entre abril e julho ocorreu um aumento de 200 pontos, levando a taxa Selic a 10,75%, mas o ciclo parou nesse ponto e somente seria retomado em janeiro de 2011, quando já estava muito claro que a inflação superaria o teto da meta. Em 2010, ocorreu o primeiro afrouxamento claro no compromisso com a meta de inflação. E este comportamento se acentuaria em 2011.

O autor calcula qual foi a inflação efetivamente perseguida pelo Banco Central e chama isso de meta implícita, afirmando (peço que desconsidere os termos técnicos; o importante mesmo é a ideia):

> No caso da trajetória em degraus da taxa neutra, a meta implícita ao final da série (o quarto trimestre de 2012) seria de 7,3%, e no caso da taxa real neutra seguir a trajetória do filtro HP, ela seria de 6,3%, ambos bem maiores do que a meta oficial.

Estava abalado o primeiro pilar do tripé. A perseguição ao centro da meta de inflação fora abandonada e isso representava uma importante mudança na diretriz da política macroeconômica, que posteriormente cobraria seu preço. Indo à segunda perna tripé, e buscando-se, nas palavras de Márcio Holland, uma "taxa de câmbio competitiva" infringia-se a lógica estrita do câmbio flutuante, que, por definição, deve movimentar-se conforme as forças de oferta e demanda de mercado.

Esclareço: não tenho a visão platônica de que, em um regime de câmbio flutuante, o Banco Central não pode nem deve, em qualquer circunstância, atuar no mercado cambial. Há uma farta literatura no sentido da defesa do *fear of floating* (medo da flutuação) pelas autoridades monetárias. Em outras palavras, é natural que os BCs intervenham para atenuar a volatilidade do câmbio. Mudanças muito bruscas da relação dólar contra real retiram previsibilidade da economia, mexem com as expectativas de importadores e exportadores, desnorteiam a estrutura de capital de empresas com dívidas em moeda estrangeira e complicam o prognóstico para a inflação. Mas não foi apenas o medo da flutuação que se fez presente a partir de 2010. O Banco Central brasileiro atuou de forma sistemática no mercado de câmbio mesmo em períodos de baixa volatilidade.

A autoridade monetária brasileira passou, grosso modo, a trabalhar com uma meta para taxa de câmbio. Isso, sim, afronta o regime de câmbio flutuante. O interesse não era conter o excesso de flutuação; havia o objetivo de formar preço. Em determinados momentos, quando a inflação permitia, o BC perseguia um real depreciado, para fomentar a competitividade dos produtos brasileiros. Em 2010, por exemplo, quando havia uma tendência clara de apreciação do real por causa pela farta liquidez internacional, o governo adotou uma série de medidas para restringir o fluxo de capitais, por meio de IOF sobre investimentos em renda fixa e por ações limitadores de operações no mercado futuro. O câmbio foi claramente usado como instrumento de política industrial.

Já nos anos de 2013 e 2014, sobretudo, a relação dólar/real passou a ser utilizada como ferramenta de política monetária. Com a inflação flertando sistematicamente com o estouro do teto da meta e o Banco Central reticente em subir a taxa Selic na magnitude necessária, aumentaram as intervenções, em particular no mercado futuro, por meio de *swaps* (a exposição líquida do BC bateu US$ 115 bilhões), no sentido de conter a desvalorização do real.

Embora a intenção inicial da nova matriz econômica fosse trabalhar com um câmbio depreciado, como forma de se fazer política industrial, posteriormente se viram esforços no sentido de conter artificialmente a desvalorização. Na prática, o Banco Central não deixava o câmbio flutuar livremente, mantendo metas para a taxa cambial conforme o interesse do momento – em determinadas situações, perseguia patamar mais depreciado para fazer política industrial; em outras, buscava conter a desvalorização para atingir objetivos de política monetária. Em um momento ou outro, o preceito da livre flutuação era infringido. A tudo isso somava-se uma política fiscal excessivamente expansionista em desalinho com as metas de superávits primários condizentes com a estabilização das dívidas bruta e líquida. O que Márcio Holland definiu como "consolidação fiscal amigável ao mercado" era um grande eufemismo para a política de incremento dos gastos políticos combinado a uma série de desonerações tributárias que traduziam-se em superávits primários muito menores a partir de 2009. O gráfico a seguir fundamenta o argumento:

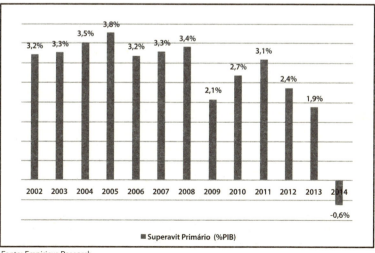

Fonte: Empiricus Research.

Há uma clara quebra estrutural a partir de 2009. Conforme já dito, o superávit primário que situava-se em torno de 3,5% do PIB entre 2002 e 2008 passa a rondar, quando corrigidas medidas de contabilidade criativa, 1,5% do PIB. Pastore resume da seguinte forma:

> Dada a taxa real de juros, entre 2003 e 2008, a política fiscal não expandiu nem contraiu a demanda agregada, porém passou a ser fortemente expansionista em 2009 e 2010; seguida de uma reversão temporária em 2011; para novamente retornar à expansão em 2012 e 2013, ainda que em grau menos intenso do que em 2009/2010.

Ruía o terceiro pilar do clássico tripé macroeconômico. O desrespeito à austeridade fiscal era outra marca da nova matriz econômica em seu escopo macro. Na esfera micro, o novo modelo foi marcado pelo excesso de intervencionismo estatal, com reduções de impostos e créditos subsidiados concedidos a setores particulares, de forma discricionária. No mesmo sentido, foi ampliada a participação dos bancos públicos. Sua parcela no total de empréstimos sai de 38% ao final de 2008 para 52% em fevereiro de 2014. Aqui entra também certo gigantismo do BNDES e sua política de campeões nacionais, que selecionava *a priori*, sem nenhum escrutínio técnico, setores e empresas a serem beneficiados por injeções vultosas de capital, crédito barato e outras beneses.

Em paralelo, para compensar a reticência à elevação da taxa básica de juro na intensidade necessária, além de usar a taxa de câmbio, a política econômica contou com o represamento de preços administrados, cujos exemplos mais emblemáticos são a gasolina, a energia elétrica e tarifas públicas. Foi claramente uma política econômica centrada em incentivos à demanda agregada, como se o investimento pudesse gerar poupança e a demanda fazer a oferta. Por isso, a nova matriz econômica também recebe a alcunha de ensaio nacional-desenvolvimentista, em que concede-se muito foco à demanda e relega-se a segundo plano (talvez terceiro) o *supply side* (lado da oferta).

Evidentemente, se a demanda aumenta sem a contrapartida da oferta, encontramos problemas. Para que os incentivos à demanda agregada não chegassem rapidamente a um esgotamento, a oferta agregada precisaria reagir também. Para isso, seria necessário mais emprego dos fatores de produção, ou seja, capital e trabalho (mão de obra). Caso contrário, se a demanda agregada aumenta de tal sorte a superar os limites cabíveis na oferta, observamos inflação e maior importação.

Tal como prescrito pelo livro-texto, foi exatamente o que aconteceu. O modelo estritamente focado na demanda encontrou seu limite. O País rapidamente deixou de enfrentar um problema de demanda, o que não foi percebido pelos formuladores de política econômica, que continuaram a dar impulso à demanda agregada, em especial ao consumo apoiado no crédito, enquanto enfrentávamos um problema de oferta. O modelo adotado a partir de 2010 rapidamente bateu no limite. Encontramos restrições à oferta agregada, que deveriam ter sido endereçadas a partir da perseguição de ganhos de produtividade e não por injeções adicionais de demanda. Não havia mais o exército industrial de reserva. O estímulo à demanda não podia ter como resposta a simples adição de mais trabalhadores, porque a economia estava, basicamente, em pleno emprego. Essa foi uma dinâmica bastante diferente daquela observada no início dos anos 2000 e, portanto, exigia uma resposta diferente na política econômica, centrada nos ganhos de produtividade.

Conforme explicam Alexandre Schwartsman e Fábio Giambiagi em *Complacência*:

> O ciclo de expansão iniciado em 2004 está chegando ao seu fim (...). A explicação está ligada ao que está acontecendo no mercado de trabalho. Nos dez anos que vão de 2003 a 2013, a taxa de crescimento média do PIB brasileiro foi de 3,7% ao ano. Nesse período, a taxa de variação da população ocupada, medida pela Pesquisa Mensal do Emprego do IBGE, foi de 2,2% a.a. Isso significa que a produtividade média por homem ocupado no período cresceu a uma taxa da ordem de 1,5% ao ano.

Essa expansão da produtividade é, obviamente, muito baixa.

Com a taxa de desemprego em torno de 5%, estávamos próximos a um mínimo tolerável para essa variável, o que os economistas chamam de pleno emprego. Portanto, precisávamos de ganhos de produtividade e eles, claramente, não vieram no ritmo exigido. Se não cresce o emprego nem a produtividade, a oferta agregada, em termos práticos, fica estagnada. É simplesmente impossível expandir o PIB de forma sustentada. A demanda bate no limite da oferta e, a partir daí, observam-se apenas mais inflação e importação.

A imagem a seguir, com dados do IBGE, mostra a queda substancial da taxa de desemprego, evidenciando a incapacidade de evoluirmos mais a partir dos níveis correntes. Beiramos o pleno emprego e, agora, precisamos de ganhos de produtividade:

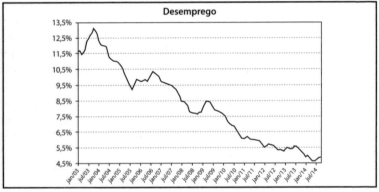

Fonte: Empiricus Research.

E, para tristeza geral, o gráfico abaixo mostra o baixo crescimento da produtividade brasileira:

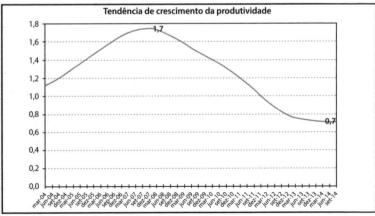

Fonte: S&A com dados do IBGE (e BCB).

A união de pleno emprego e baixo crescimento da produtividade com incentivos vigorosos à demanda agregada teria como desdobramentos lógicos o baixo crescimento econômico, o aumento da inflação e a ampliação das importações. Pense na economia como uma única fábrica. Se a demanda pelo produto ali fabricado aumenta muito, o empresário, inicialmente, pode responder contratando mais gente e ampliando o volume produzido. Entretanto, se ele bate no limite de contratações, somente poderá atender à maior demanda se incrementar a produtividade de seus trabalhadores. E se isso não acontecer, restará a opção de elevar preços (inflação). Claro, haverá ainda a chance dos consumidores passarem a comprar na fábrica ao lado (importações).

O funcionamento do modelo, de forma duradoura, exigia ganhos importantes de produtividade, o que não aconteceu. Fomos ao limite e as consequências eram esperadas. Ao esgotamento imposto pelo mercado de trabalho, somavam-se, ao menos, outras duas variáveis relevantes. A primeira relacionada ao fim do empurrão externo que vinha da melhora dos termos de troca até 2011. Como já afirmado, aquilo que vendíamos ao exterior ficou muito mais caro frente ao que comprávamos de fora entre 2003 e 2011. Os ganhos provenientes dos termos de troca podiam ser repartidos internamente, ajudando fortemente no crescimento econômico e até mesmo na distribuição de renda. O índice dos termos de troca alcança sua máxima em 2011 e, a partir daí, passa a cair fortemente, conforme descrito pelo gráfico abaixo, extraído do jornal *Valor Econômico*:

Fonte: Funcex.

Se antes o cenário externo jogava a favor tornando caras nossas exportações e relativamente baratas as importações, o quadro passou a ser bastante diferente. Nas palavras de Delfim Netto, se antes gozávamos de um vento de popa, agora temos de enfrentar um vento de proa.

Simultaneamente, a possibilidade de continuar expandindo o consumo por meio do crédito também atingiu uma limitação importante. Parcela relevante da renda das famílias ficou comprometida com o endividamento. Em outubro de 2014, o comprometimento da renda em 12 meses alcançou 46,05%, conforme levantamento realizado pelo Banco Central, o maior índice desde o início da série, em 2005. Para sintetizar, o modelo caracterizado por incentivos à demanda, mais especificamente ao consumo apoiado no crédito, e pela ajuda de ventos externos favoráveis, esgotou-se. Uma readequação era necessária. Até o encerramento do primeiro mandato Dilma, porém, nada mudou. Até o final de 2014, a cartilha da nova matriz econômica foi exercida em sua plenitude. Os números mostram claramente o fracasso.

A evidência mais óbvia se refere às taxas de crescimento econômico. A evolução anual do PIB no primeiro governo Dilma, da ordem de 1,6%, é a menor entre todos os presidentes cujos mandados foram concluídos conforme o previsto. Somente os períodos de Fernando Collor e Floriano Peixoto apresentaram taxas de crescimento inferiores.

Se adicionarmos à conta o ano de 2015, o quadro fica ainda pior. Ao final de março, a mediana das estimativas do relatório Focus para a variação do PIB no ano aponta -0,80%. Há economistas, porém, mais pessimistas. Aqueles com projeções revisadas mais recentemente sugerem contração de até 2% – somente Rússia e Argentina rivalizariam com o comportamento do PIB brasileiro em 2015, cujo resultado deve ser o pior em 25 anos. O cenário dos últimos anos é claramente de estagflação. Ou seja, observamos uma combinação perversa de estagnação da economia com inflação alta. Embora a meta definida pelo CMN seja de 4,5% ao ano para a variação do IPCA, não houve um ano sequer que o Governo Dilma I tenha entregado isso. A média da variação de preços foi de 6,2%.

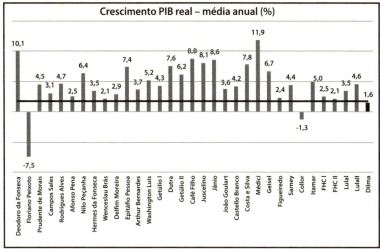

Fonte: Empiricus Research.

E, de novo, se adicionarmos 2015 ao cenário, o quadro fica ainda mais drástico. Considerando levantamento do final de março, a mediana das projeções do relatório Focus sugeria inflação oficial acima de 8% em 2015, desafiando até mesmo do teto da meta, de 6,50% ao ano. Se confirmada, será a maior inflação desde 2003.

Aqui há um ponto nevrálgico frente ao que estou tentando demonstrar, que o Brasil está muito frágil para enfrentar uma crise externa e não teria condições de responder a um choque exógeno com o uso da política monetária. Se foi possível reagir com queda das taxas de juro em 2008/09, agora não poderíamos mais fazê-lo, simplesmente porque a inflação já se encontra notadamente acima da meta. Como cortar o juro nesse quadro? Mais do que simplesmente estar impossibilitado de cortar juro e usar a política monetária como instrumento anticíclico, o Banco Central, diante do recrudescimento das condições de liquidez internacional e da fragilidade dos fundamentos brasileiros, pode se ver obrigado, inclusive, a subir a Selic para evitar uma maciça e súbita fuga de capitais. Isso poderia aprofundar a recessão e, por conseguinte, elevar ainda mais a desconfiança sobre os fundamentos, criando um círculo vicioso.

Como se não bastasse, a deterioração das variáveis macro vai além do panorama de estagflação. A forma mais trivial de sentir isso é por meio da observação da destruição da poupança, a contrapartida contábil do investimento. Os elevados déficits gêmeos acumulados pelo Brasil, sobretudo no ano de 2014, são a representação emblemática da assertiva.

O saldo negativo em transações correntes – soma líquida das compras e vendas de bens e serviços ao exterior – montou a US$ 90,9 bilhões em 2014, representando 4,17% do PIB, a maior relação desde 2001. Estamos nos aproximando de um patamar perigoso e insustentável do déficit, tornando-nos muito sensíveis a um choque no exterior. Além do nível em si, preocupa o fato de que o saldo devedor em conta corrente atual é substancialmente superior ao Investimento Estrangeiro Direto, de US$ 62,5 bilhões em 2014. O que isso significa? A dinâmica impõe um fator de risco importante, pois representa uma dependência do País ao fluxo de capitais de curto prazo para fechar seu balanço de pagamentos (soma de todas as relações com o resto do mundo) e não perder reservas. Quase por definição, esse tipo de capital curto prazo é bastante volátil e muito sensível a qualquer soluço da economia e/ou da liquidez global. Ou seja, ao menor sinal de crise externa, estaremos suscetíveis a um rombo no balanço de pagamentos, com impactos potenciais expressivos sobre a taxa de câmbio. A isso, claro, soma-se a piora dos termos de troca, conforme já explicado previamente.

Não nos preparamos em nada durante o período das vacas gordas. Agora, estamos frágeis, também do ponto de vista das contas externas, para enfrentar um provável momento difícil – lembre-se: os ciclos de expansão e as crises são inerentes ao sistema capitalista. Você precisa estar preparado para quando houver o esgotamento do ciclo positivo. Nós não estamos. O mesmo argumento se estende para as contas públicas. No ano de 2014, o déficit nominal (resultado de todas as receitas e despesas do governo) chegou a 6,7% do PIB, o pior resultado da série histórica.

O déficit primário, conta que exclui os gastos com juros, ficou em R$ 32,5 bilhões ou 0,63% do PIB – foi o primeiro resultado negativo dessa linha em toda a série, iniciada em 2001. Em outras palavras, nunca houve tamanho desarranjo fiscal. As contas públicas estão completamente fora de controle e exigem um ajuste. Não optar pela reorientação ortodoxa culminaria certamente na perda do grau de investimento (espécie de selo de bom pagador) pelas agências de classificação de risco, com efeitos devastadores para o País; até o governo Dilma foi capaz de perceber isso e agora defende o aumento de impostos e o corte de gastos, como forma de conter o rombo fiscal. Foi essa a causa da nomeação do ministro Joaquim Levy, de orientação teórica diametralmente oposta àquela de seu antecessor e da própria presidente da República.

O problema agora é que estamos simplesmente sem capacidade de adotar medidas anticíclicas de cunho fiscal. Se a prescrição tradicional, desde as postulações originais de John Maynard Keynes, sugere aumentar gastos do governo quando a economia está em recessão, agora nos vemos obrigados a restringir a expansão fiscal, retraindo ainda mais a economia no curto prazo. Isso, por definição, significa retirar demanda agregada em plena recessão. O ajuste é necessário, mas impõe custos importantes, num momento especialmente delicado da economia brasileira. O corte de gastos públicos vai nos empurrar, no curto prazo, ainda mais para baixo. Em vez de impedir a deterioração, tal como fez em 2008/2009, a política fiscal agora será cíclica.

Numa eventual crise externa, que cedo ou tarde virá, pois elas fazem parte do comportamento típico do sistema capitalista, teremos de cortar ainda mais gastos para evitar a perda do *investment grade* e de elevar ainda mais o juro doméstico para impedir uma fuga maciça de capitais. O quadro final pode ser de um mergulho profundo e duradouro, intensificado pela política econômica, muito além do contemplado mesmo pelos mais pessimistas. Se as políticas anticíclicas adotadas pelo governo brasileiro foram importantes para impedir maior depressão doméstica no contexto da crise de 2008, agora a política econômica, com necessidade incontestável de subida de juro e rigor fiscal, poderia atuar no sentido de aprofundar os efeitos, já bastante adversos, da ruptura internacional. Definitivamente, não é um panorama favorável.

A variável de ajuste

Num quadro como este, há uma variável canônica a ser usada para promover o ajuste: o câmbio. Conforme tem defendido o gestor Luis Stuhlberger, vamos buscar o equilíbrio vicioso, permeado por mais inflação e taxa de câmbio depreciada. Diante da forte queda observada nos termos de troca brasileiros, para que possamos ter algum ganho de competitividade e nossas exportações tornem-se mais atrativas, precisaríamos de um câmbio em torno de R$ 3,40/R$ 3,50. A trajetória de perda de valor contra o dólar não é uma exclusividade do real. A tendência de apreciação do dólar acontece contra a maior parte das divisas globais. O comportamento do Dollar Index, que mede a relação da moeda norte-americana contra uma cesta de divisas, está exposto abaixo – o gráfico é da Bloomberg e refere-se ao período dos últimos 12 meses:

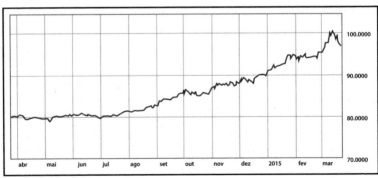

Fonte: Empiricus Research.

Em linhas gerais, diante da deterioração dos termos de troca e da desconfiança com o crescimento, todos os mercados emergentes aceitaram a desvalorização de suas respectivas moedas. Seus Bancos Centrais interromperam as intervenções no mercado de câmbio e permitiram a perda de valor das divisas locais. O BC brasileiro, durante bastante tempo, resistiu a essa prerrogativa e continuou com uma atuação pesada levando sua exposição passiva em dólar por meio de *swaps* cambiais a US$ 115 bilhões. Ao final de março, a autoridade monetária brasileira finalmente cedeu, anunciando o fim do programa de *swaps*.

Embora, àquela altura, a decisão já fosse esperada, ainda carrega potencial significativo para mexer com a taxa de câmbio brasileira. Isso porque, antes, o investidor internacional tinha um incentivo claro para trazer seus recursos ao Brasil: num quadro de enorme liquidez global, ele destinava uma pequena fatia de seu patrimônio ao País, atraído pelo elevado retorno da renda fixa local, tendo proteção contra eventual grande variação cambial por conta da garantia de *swaps* e leilões do Banco Central, que suprimiam eventuais restrições momentâneas na oferta de dólares. Sem a presença tão marcante da autoridade monetária, seria mais natural o dólar buscar um novo equilíbrio, condizente com déficit em transações correntes mais sustentável, entre 2% e 3% do PIB. Do ponto de vista estrito dos fundamentos, o dólar em torno de R$ 3,50 parece razoável. Isso não significa, sobremaneira, que a moeda norte-americana vá, necessariamente, caminhar até e somente a esse nível. A trajetória da taxa de câmbio é não linear e, muitas vezes, permanece longe do equilíbrio por bastante tempo. O cenário atual, porém, sugere que investidores cobrarão prêmio adicional para estar em real. Ninguém quer exposição à moeda brasileira neste momento. A expectativa é de que, como sempre acontece, o dólar enfrente um movimento de *overshooting*. Ou seja, de que vá buscar, no curto prazo, níveis de preço superiores àqueles alinhados ao equilíbrio de longo período.

Há necessariamente irracionalidade no *overshooting*? Conforme explica o economista Rudi Dornbusch, não. O *overshooting* faz parte da lógica quase intrínseca do mercado de câmbio. Esclareço. A economia pode ser dividida em dois vasos comunicantes. O mercado de bens (lado físico, material) e o mercado de capitais. O primeiro, evidentemente, demora para se ajustar a um novo choque. Exemplo: ainda que o empresário decida ampliar seu parque industrial hoje, não terá isso pronto amanhã.

Já o mercado de capitais é muito mais flexível e ágil, ajustando-se quase instantaneamente a uma mudança de cenário, pois supõe-se não haver restrições ao trânsito de recursos financeiros. Agora, admita a ocorrência de um novo choque nesta economia. Todas as variáveis devem buscar um novo patamar de equilíbrio, com seus níveis adequados à nova realidade econômica. Entretanto, num primeiro momento, devido à rigidez do mercado de bens, somente o mercado de capitais reage. Lembre-se: por definição, o mercado de bens é mais lento em seus movimentos.

Portanto, no instante inicial, as variáveis financeiras absorvem integralmente o golpe, ajustando-se *per se* e pelo mercado de bens, incapaz de reagir instantaneamente. Aos poucos, o lado físico também começa a reagir e a buscar seu novo equilíbrio, retirando a pressão excedente do mercado de capitais. Ou seja, é natural as variáveis financeiras irem além do equilíbrio de longo prazo num primeiro momento, pois capturam, inclusive, efeitos que não lhe pertencem. Somente quando o mercado de bens se mexe – e isso não acontece instantaneamente –, as variáveis monetárias saem de seu "exagero" inicial e caminham em direção ao equilíbrio de longo prazo.

O *overshooting*, portanto, faz parte da essência das variáveis financeiras, como é o caso do câmbio. E é justamente essa força que pode levar o dólar a algo perto de R$ 4,00 ainda em 2015. Bastará a catálise externa.

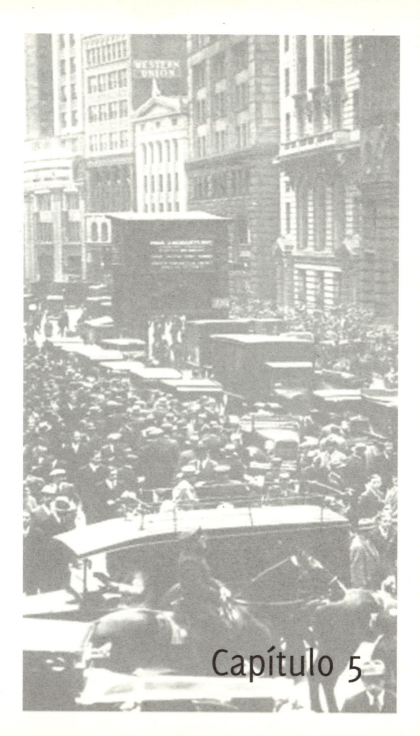

Capítulo 5

Desta vez é diferente?

Há sempre a possibilidade de que desta vez seja diferente. O problema com as exceções, é que elas são... exceções! O sistema capitalista é historicamente permeado por ciclos de expansão e crises, mecanismos de sístole e diástole, em que à expansão da prosperidade vem uma ruptura. Por muito tempo, essa foi a crença da maioria. Os ciclos econômicos, tradicionalmente longos e de intensidade pronunciada, eram inerentes ao funcionamento da engrenagem. Sob apoio incontestável das evidências empíricas, ninguém duvidava.

Mas isso mudou. A interpretação dos ciclos foi repaginada drasticamente no início dos anos 2000. Era uma nova fase. As oscilações temporárias, supostamente, poderiam, a partir de então, ser minimizadas. Depois de anos de desenvolvimento e evolução da ciência, as ferramentas de política econômica teriam atingido a excelência, sendo capazes de evitar grandes crises e suprimir a volatilidade das variáveis macro. Estaria encerrada a grande discrepância das taxas de variação do PIB e da inflação. Entrávamos num novo mundo. Agora seria diferente.

Com efeito, àquela altura parecia, de fato, fazer sentido. Conforme detectaram Olivier Blanchard e John Simon em artigo escrito em 2001[11], o desvio-padrão do crescimento trimestral do produto (PIB) nos EUA havia caído pela metade desde os anos 80, enquanto a variabilidade da inflação diminuíra cerca de dois terços. Havíamos atingido o Santo

---

[11] The Long and Large. Decline in U.S. Output Volality (O longo e grande declínio nos EUA. Volatilidade do PIB norte-americando.

Graal da gestão da economia e os deuses responsáveis pela formulação dessa política seriam capazes de livrar-nos de todos os males.

Estávamos na "Grande Moderação", nome dado a esse nirvana de pequena variância das principais variáveis macro. A figura abaixo resume esse aparente novo mundo, mostrando como a política econômica poderia nos levar a um equilíbrio diferente, caracterizado por baixa variação da inflação e do produto:

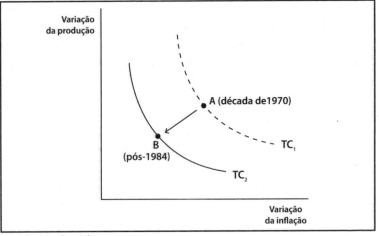

Fonte: Empiricus Research.

Em 20 de fevereiro de 2004, Ben Bernanke, ex-presidente do Banco Central dos EUA, debruçou-se sobre o tema. Defendendo a "Grande Moderação", afirmou que a menor volatilidade macro tinha vários benefícios. A menor variabilidade da inflação melhoraria o funcionamento dos mercados, facilitaria o planejamento econômico e reduziria os recursos necessários para se *hedgear*[12] contra a escalada dos preços. Por seu turno, a variância comprimida do produto tenderia a favorecer maior estabilidade dos empregos, enquanto ofereceria menor incerteza sobre o futuro, melhorando o bem-estar das famílias.

De acordo com Bernanke, três eram as explicações levantadas para o alcance da "Grande Moderação": i) mudanças

---

12 Fazer operações que visam proteção contra riscos de outros investimentos.

estruturais, como evolução das instituições, da tecnologia, das práticas de negócios e de outros instrumentos microeconômicos; ii) melhora no instrumental de política macroeconômica, sobretudo no espectro monetário; iii) sorte. Para Bernanke, "As melhorias na política monetária, embora certamente não sejam o único fator, foram provavelmente uma fonte importante para a 'grande moderação'." Bem-vindo ao platonismo dos economistas.

A Economia tem inveja da Física. Acha que o mundo real pode comportar-se como os modelos newtonianos e os exercícios de estática comparativa, como se as interações sociais também obedecessem a grandezas físicas estáveis. Bastaria o formulador de políticas sociais aparar uma ou outra aresta e os problemas da sociedade estariam resolvidos.

Nesse mundo caricato do *homo economicus*, a única incerteza existente é aquela pasteurizada dos jogos de cassino. Assim, com um pouco de matemática sofisticada e ferramentas econométricas poderosas, poderíamos conduzir os países à prosperidade ininterrupta. Reinaria para sempre a baixa volatilidade do PIB e da inflação. A "Grande Depressão" duraria eternamente e acabaria em definitivo com os ciclos de sístole e diástole da economia global. Ou, sendo mais preciso, os ciclos até existiram, mas teriam variação muito pequena e quase desprezível. Estaria resolvido. Tudo que tínhamos a fazer era implementar o estado da arte da política econômica e as crises significativas seriam extintas. Parabéns aos envolvidos. Funcionava bem como retórica, mas não sobreviveu ao impiedoso teste do curso da história.

Cerca de quatro anos depois, surpresa! A "Grande Moderação" encontrou uma prima distante: a "grande recessão". A partir do estouro súbito da bolha imobiliária norte-americana e da quebra do banco Lehman Brothers em 15 de setembro de 2008, a convicção na capacidade dos formuladores de política econômica de reduzir a volatilidade das variáveis macro foi destroçada, em definitivo, pela imposição da realidade. A aparente calmaria transformou-se em forte tempestade.

Conforme explica Affonso Celso Pastore, em seu livro *Inflação e Crises*:

> Nos anos que antecederam o estouro da bolha imobiliária nos EUA, ocorreu um progressivo relaxamento da atenção dos reguladores com os riscos, e ao mesmo tempo a sua detecção tornou-se mais difícil devido ao desenvolvimento do sistema financeiro e aos sofisticados instrumentos utilizados na intermediação. A estabilidade de inflação e de crescimento do PIB no período da Great Moderation contribuiu para que aumentasse a ilusão de que teria ocorrido uma queda permanente e sensível dos riscos, e se os riscos caíram, por que se preocupar com eles? (...) O desenvolvimento da teoria econômica teria equipado os responsáveis pela política econômica – principalmente os banqueiros centrais – com teorias empiricamente testadas que ensinavam como operar os instrumentos de forma a levar permanentemente à estabilidade das taxas de inflação e de crescimento do PIB.

E completa:

> Naqueles anos, havia uma enorme confiança nas previsões da teoria dos mercados eficientes, o que conduzia à crença de que os preços dos ativos seriam determinados apenas pelos seus fundamentos. Mas os preços dos ativos frequentemente se comportavam de forma que era totalmente inconsistente com as previsões da teoria.
>
> (...) Aquele mesmo otimismo que havia gerado fortes valorizações nos preços das ações no episódio da bolha no mercado de ações transbordou para os preços de casas, cujo crescimento parecia não ter fim.

Os gráficos a seguir evidenciam a diferença de comportamento entre a "grande moderação" e a "grande recessão", atestando como os modelos falharam em projetar a extinção perene dos ciclos econômicos mais intensos. O primeiro gráfico mostra a diminuição da variação do crescimento econômico norte-americano entre 1985 e 2008, e a posterior retomada de um período de grande volatilidade, com forte recuo no pós-Lehman. O segundo mostra tanto o crescimento econômico quanto o comportamento do incremento do emprego nos EUA em ambos períodos. E o terceiro trata da criação de emprego nos EUA em ambos períodos. E o terceiro trata da criação de emprego nos EUA, destacando a diferença entre os dois momentos.

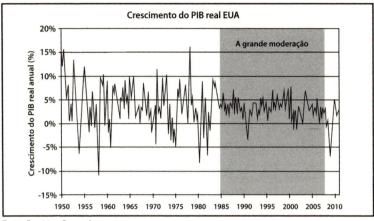

Fonte: Empiricus Research.

Depois de anos acreditando que havíamos atingido algo próximo da perfeição na política econômica, fomos surpreendidos pela maior crise desde 1929, com forte contração do PIB e aumento pronunciado do desemprego.

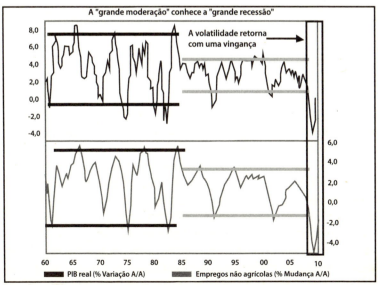

Fonte: Grupo PFS.

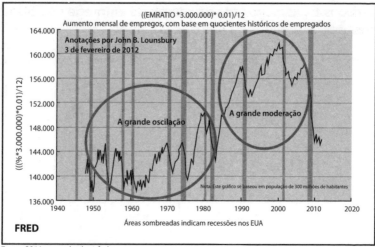

Fonte: 2011 research.stlouisfed.org.

Durante 20 anos, os formuladores de política econômica acreditaram em sua capacidade de reduzir, em termos definitivos, a volatilidade das variáveis macro e evitar crises. Eles estavam errados. A crise de 2008 mostrou que a variabilidade não havia sido eliminada; ela estava apenas suprimida e voltou subitamente. E isso aconteceu de forma feroz, mais do que compensando as doses homeopáticas de tranquilizantes acumuladas ao longo de vários anos.

Voltávamos à natureza cíclica de sístole e diástole. O preço a ser cobrado, em parcela única, representaria mais de duas décadas de ausência da volatilidade. O esfarelamento repentino da "grande depressão" derrubou crenças históricas e exigia a completa reformulação ideológica dos formuladores de política econômica.

A representação emblemática dessa necessidade de mudança de visão de mundo está num evento famoso – e até mesmo anedótico –, conhecido como *Greenspan's confession*. Em outubro de 2008, em declaração à Câmara dos Deputados dos EUA, Alan Greenspan, presidente do Fed, entre 1987 e 2006, e considerado até então o grande maestro das finanças em nível mundial, confessou ter estado errado por décadas em sua crença sobre o funcionamento da economia e dos mercados. Até aquele momento, o "maestro" acreditava que pessoas e instituições, sozinhas e sem regulação, tomavam decisões baseadas no autointeresse e acabavam produzindo bons resultados do ponto de vista social.

Disse Greenspan:

> Eu cometi um erro ao crer que os bancos, tomando decisões apoiadas em seu autointeresse, fariam o necessário para proteger seus acionistas e a instituição em geral. Essa é uma falha do modelo em que eu acreditava sobre o funcionamento do mundo.

Ele também reconheceu que foi um equívoco rejeitar os alertas de que a escalada dos preços dos imóveis nos EUA, numa trajetória ininterrupta de cinco anos, estava se tornando uma bolha especulativa que, posteriormente, poderia estourar, impactando fortemente a economia.

Nas entrelinhas, refutava-se a ideia dos mercados eficientes, de que a alocação de recursos escassos e o apreçamento dos ativos obedece estritamente à racionalidade econômica ilimitada e orientada pelo autointeresse, levando, inconscientemente, a um estado social ótimo.

A partir da crise subsequente à "Grande Moderação", Greenspan percebeu ter havido erros nos modelos de avaliação de risco e que a natureza humana era dada à ganância e a ciclos de euforia e medo. Foi seu diagnóstico: períodos prolongados de pouca regulação, juros baixos e muito crédito, inexoravelmente, conduziriam a bolhas. O próprio Greenspan tinha parte da responsabilidade na criação da bolha imobiliária. Ele manteve os juros baixos nos EUA por muito tempo, em resposta à bolha pontocom no começo dos anos 2000. Isso elevou, para além do razoável, os preços de casas e ações. Ainda assim, o "maestro" admitiu manter concepção inadequada da realidade e do bom funcionamento dos mercados livres.

Os modelos adotados pelos formuladores de política econômica estavam reconhecidamente errados e falharam na previsão da crise de 2008. Era de se esperar, portanto, que, na tentativa de evitar um novo grande solavanco da economia mundial, fossem incorporados novos modelos de política econômica, diferentes do anterior, certo? Mas o que acontece é o contrário. Os bancos centrais e o Fed, em particular, insistem em usar os mesmos métodos anteriores e publicamente afirmam que não há crise no horizonte. Ora, usando os mesmos métodos de antes, nunca haverá crise no horizonte dos BCs, pois os modelos utilizados não são capazes de antevê-las. A história já mostrou isso. Simples assim. Loucura é insistir num mesmo procedimento e esperar resultado diferente.

Como recentemente afirmou Steve Keen, em artigo na Forbes.com:

> A crise financeira de de 2007 foi o mais próximo que o Fed poderia chegar de uma experiência de quase morte. Seria natural esperar que alguém com essa experiência pudesse aprender a partir disso, e alterar seu comportamento de forma profunda, de tal sorte que a repetição do problema anterior tornar-se-ia simplesmente impossível.
>
> Não é isso que se observa para o Federal Reserve. Embora a crise de 2007/08 tenha sido mencionada pelo discurso de Janet Yellen em 27 de março de 2015, a análise desse pronunciamento mostra que o Banco Central dos EUA não aprendeu nada da experiência anterior. O Fed é aquele motorista veloz que vai acelerar até o limite antes da próxima batida, exatamente como fez no estouro da bolha imobiliária. (...) Em seu gerenciamento da economia no pós-crise, a autoridade monetária dos EUA não se deu conta do fato de que não foi capaz de prever a explosão de 2007/08.(...) Tendo sido completamente surpreendido e estando despreparado àquela altura, era de se esperar que o Fed oferecesse algum reconhecimento que talvez, apenas talvez, seu modelo de funcionamento da economia estava errado. Infelizmente, estamos longe disso. Se há algo que transparece do mais recente discurso de Yellen é a adoção do mesmo modelo inapropriado que cegou o Fed às vésperas do estouro da bolha do subprime.

Concordo com Keen. E vou além. Não somente necessitamos mudar os modelos econômicos disponíveis, como precisamos também abandonar a hipótese de que somos capazes de prever as crises. Conforme já explicado previamente, a realidade é não ergódica e as grandes mudanças derivam de cisnes negros, imprevisíveis por definição.

Há que se ter coragem intelectual e menor arrogância epistemológica, assumindo nossa incapacidade de antever o futuro e as crises. Em vez de tentar, em vão, prevê-las, devemos nos preparar para enfrentá-las quando vierem, montando posicionamentos antifrágeis, que reagem bem ao choque, à incerteza e à volatilidade, seja nas estratégias financeiras ou mesmo em situações cotidianas.

O foco dos modelos não pode ser a antecipação ao *timing* e ao tipo de crise, mas à preparação para o imprevisível. Chega a ser surpreendente que ainda não tenhamos realizado a estratégia de saída das políticas adotadas em reação à crise de 2008 e estejamos rigorosamente com a mesma ideia previamente estabelecida, de que os formuladores de política econômica podem reduzir a volatilidade dos ativos financeiros e das variáveis macro e, assim, evitar crises futuras. De novo, estamos com a volatilidade suprimida, acreditando que a calmaria do presente estender-se-á indefinidamente para o futuro.

O gráfico abaixo mostra como a volatilidade está baixa no momento corrente, em suas mínimas em 10 anos – a medida é a volatilidade implícita das opções de ações sobre o índice Russell, uma grande referência em *small caps*:

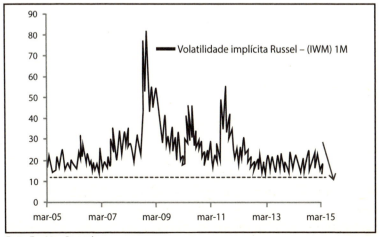

Fonte: Empiricus Research.

Persiste a crença de que ferramentas de política econômica podem conduzir a economia a um equilíbrio e à ausência de crises. Enquanto a volatilidade está em níveis mínimos, os *valuations* (níveis de apreçamento) marcam recordes históricos, evidenciando preços de ativos descolados de seus fundamentos, guiados estritamente pelo catalisador da liquidez.

Há três gráficos capazes de ilustrar o comportamento com precisão. O primeiro se refere ao chamado CAPE ratio, que representa o nível de preços mensal do índice *S&P 500* (o mais importante de ações dos EUA) sobre sua média de 10 anos. O indicador encerrou o ano de 2014 próximo de dois desvios-padrão acima da média histórica. Houve apenas duas situações em que essa razão superou a marca de dois desvios-padrão, em setembro de 1929 (antes da grande crise) e em dezembro de 1999 (às vésperas do estouro da bolha pontocom). A seguir, a evolução histórica do CAPE *ratio*.

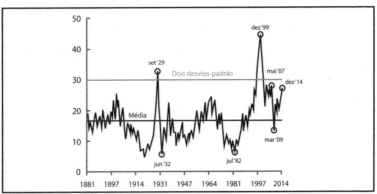

Fonte: OFR Analysis.

Outra referência interessante é o já apresentado *Buffett indicator*, a relação de capitalização bursátil sobre PIB, tida por Warren Buffett como ferramenta valiosa para indicações de sub ou sobreapreçamento do mercado como um todo. De forma análoga, ele também se aproxima da marca de dois desvios-padrão acima da média, superando, inclusive, os níveis apresentados em 2007 e estando cerca de 75% superior à média de longo prazo – a única vez em que atingiu nível mais elevado foi às vésperas do estouro da bolha pontocom, conforme pode ser visto abaixo.

Fonte: Haver Analytics, Wilshire Associates, OFR Analysis.

Em outras palavras, as duas imagens demonstram o nível elevado de apreçamento das bolsas norte-americanas. E há um terceiro elemento a somar-se aos dois primeiros, também no sentido de atestar a tese em prol da desconfiança com a atual pontuação das bolsas em nível global: as margens de lucros nos EUA estão em seu nível mais alto de toda a série histórica. Qual o problema disso? Há muito mais chance de compressão de margens do que de expansão. O indicador guarda uma tendência de reversão à média, como pode ser visto pelo gráfico a seguir. Assim sendo, existe uma chance não desprezível de que as margens venham a ficar menores, comprimindo os lucros corporativos. Isso tornaria, mantidas constantes as cotações atuais, as bolsas internacionais ainda mais caras.

O próximo gráfico apresenta a trajetória da margem de lucro média das empresas integrantes do índice S&P 500.

A combinação de níveis de *valuation* muito elevados com margens de lucros em suas máximas históricas enseja riscos pronunciados. O comportamento é aquele clássico do peru de Natal, em que a volatilidade suprimida se confunde com ausência de riscos à frente. Se as coisas estão caminhando com tranquilidade agora e têm dado certo, por que devo me preocupar à frente? É aquele motorista que, por ter chegado em casa ileso algumas vezes após várias latas de cerveja, acha que pode repetir o procedimento de maneira subsequente. Não se trata de uma forma prudente de dirigir seus investimentos maneira subsequente. Não se trata de uma forma prudente de dirigir seus investimentos.

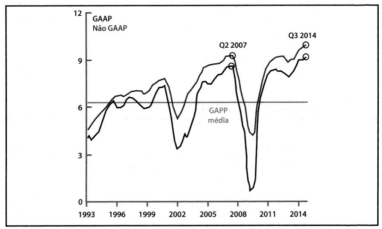

Fonte: Empiricus Research.

O próprio Banco Central dos EUA, no *Fed's Monetary Policy Report*, chegou a afirmar que:

> No geral, os valuations das ações, por algumas métricas bastante convencionais, estão acima de suas médias históricas. (...) As relações Preço sobre Lucro ou Preço sobre Vendas estão em alguma instância elevadas, sugerindo pressões de valuations.

Ao injetar montanhas de dinheiro no sistema e manter os juros zerados, os bancos centrais estimulam a tomada exagerada de riscos e a alavancagem. A contrapartida evidente é de que os preços de ativos de risco sobem a níveis que não seriam justificados estritamente pela racionalidade econômica e pelos fundamentos econômicos. Como resumiu Mohamed El-Erian, hoje gestor na Allianz, em entrevista ao Orange County Register, "Há um enorme gap neste momento entre os valuations dos ativos e seus fundamentos."

Fonte: Bloomberg, @Not_Jim_Cramer.

El-Erian explicou suas motivações para manter a maior parte de seus recursos sob gestão no caixa:

> Não é uma grande coisa a se fazer, dado que você é corroído pela inflação. Entretanto, a maior parte dos ativos financeiros foi puxada pelos bancos centrais para níveis excessivamente elevados. (...) Os BCs olham para crescimento, emprego e salários. Eles estão muito baixos. Os bancos centrais não têm os instrumentos necessários para recuperar essas variáveis, mas se sentem na obrigação de fazer alguma coisa. Então, eles inflam artificialmente o preço dos ativos mantendo taxas de juro zeradas e usando a expansão de seus balanços para comprar ativos.

Se há alguma dúvida do descasamento entre preços de ativos e fundamento econômico, o gráfico abaixo a afasta por completo. Ele mostra como o S&P 500 tem subido, enquanto há número crescente de surpresas negativas na economia. Estamos claramente no modo "quanto pior, melhor". Comemoramos cada notícia ruim sobre a economia real, pois isso pode significar um pouco mais de liquidez introjetada no sistema pelos bancos centrais e juros zerados/negativos por mais tempo. Não interessa mais o crescimento da economia ou dos lucros. Ou melhor, interessa que eles piorem, pois é motivo para impressão de mais moeda.

Se os bancos centrais se comprometem com novos estímulos monetários ou se flertam com juros zerados por mais tempo, os ativos de risco sobem. Simples assim. O gráfico a seguir, de elaboração da Modal, enaltece a forte correlação entre o S&P 500, o balanço total do Fed e os anúncios dos programas de afrouxamento quantitativo:

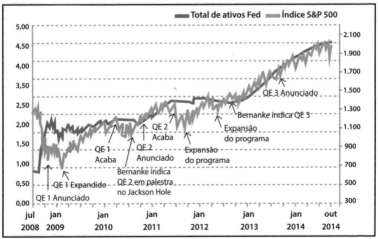

Fonte: Empiricus Research.

Evidentemente, há um problema nisso. Árvores não crescem até o céu. Esse descolamento não pode aumentar indefinidamente, nem continuar para sempre. Cedo ou tarde, haverá alguma aderência entre o preço dos ativos e os fluxos econômico-financeiros a eles associados. Por definição, ações são pedaços de uma empresa e, portanto, têm seu valor intrínseco como função dos lucros corporativos. Títulos de renda fixa, por sua vez, devem ter seus preços/juros associados à capacidade de pagamento e ao perfil de risco. Em outras palavras, ou a economia se recupera, ou os preços param de subir. A má notícia é de que os mais recentes indicadores econômicos têm sido frustrantes. Em março de 2015, a criação de postos de trabalho na economia norte-americana foi a pior desde dezembro de 2013 e muito aquém das projeções – apenas para citar um, entre vários, exemplos.

Como relata matéria da Bloomberg do dia 6 de abril de 2015:

Referências econômicas têm sucessivamente ficado aquém das projeções de economistas desde meados de janeiro, com o Bloomberg Eco U.S. Surprise Index caindo a seu nível mais baixo desde 2009 neste mês.

Para os lucros corporativos nos EUA, o panorama não é diferente. Analistas prevêem um recuo de 5,8% nos números do primeiro trimestre, o que representaria a primeira queda desde 2009. Enquanto isso, as ações continuam subindo e os prêmios de risco do mercado de renda fixa vão se comprimindo, estendendo o descolamento entre cotações e fundamentos.

Os bancos centrais e o Fed, em particular (e ele é obviamente o mais relevante para guiar a liquidez global e o apreçamento de ativos), estão diante de uma encruzilhada, sem saída fácil. Qualquer que seja o caminho adotado não haverá como sair incólume dessa situação. Fomos longe demais nos esforços monetários e agora é tarde. Há duas opções factíveis para o Federal Reserve: subir de forma antecipada os juros ou postergar para além do razoável sua preservação nos níveis atuais. Claro, supostamente haveria uma terceira via, em que o Federal Reserve descobriria o caminho e o *timing* perfeitos para apertar o torniquete monetário, sem grande constrangimento para a economia e para os mercados. Essa terceira alternativa apoia-se em grande platonismo e desapego à realidade. A assertiva não requer explicação sofisticada, pois é autodemonstrável.

As divergências, mesmo internamente, ao Fed – e há notáveis divergências –, é porque não dispomos de meios para enxergar nitidamente o que seria essa "curva ótima de subida do juro." O futuro é opaco e a política monetária, como qualquer outro instrumento inerente a fenômenos sociais e/ou de descoberta, se dá a partir de processos de tentativa e erro. Se existe uma curva perfeita de intensidade e *timing* de subida de juro, a verdade aristotélica da política monetária só pode ser revelada *a posteriori*, depois de medidas suas consequências materiais sobre a economia. Convicções formuladas *a priori* são recorrentemente traídas pelo curso da história. Alan Greenspan e sua condução da economia, permeada por juros muito baixos por longo período, eram os grandes maestros, responsáveis primeiros pela "grande moderação". Isso, claro, até a quebra do Lehman Brothers. Dali em diante, transformaram-se nos vilões do *subprime,* naqueles que fomentarem a criação da maior bolha da história do sistema financeiro.

Excluída a possibilidade lógica da concretude dessa terceira via, um dos caminhos materialmente possíveis envolveria a subida antecipada dos juros, cujo corolário representaria o abandono da recuperação da economia e forte queda dos mercados. Conforme recentemente alertou Ray Dalio, gestor do *hedge fund* Bridgewater Associates, há um risco não desprezível de que a subida do juro nos EUA possa repetir o episódio de 1937, com consequências brutais sobre a economia e as bolsas.

Cerca de oito anos após a crise de 1929, o Banco Central norte-americano elevou seu juro básico, interrompendo uma longa sequência de estímulos monetários. O processo abortou a recuperação da economia, enxugou a liquidez dos mercados e comprimiu a disposição a se tomar risco.

Em resposta à alteração de política, o Dow Jones, um dos principais índices de ações dos EUA, caiu simplesmente 50% entre 1937 e 1938. Seu gestou sintetizou:

> Estou evitando grandes apostas nos mercados financeiros por temer que a mudança na política do Fed possa produzir dramáticas consequências não intencionais. Nós não sabemos – nem o Fed sabe – exatamente quanto o aperto monetário vai bagunçar o coreto.

Ray Dalio encontrou seis similaridades entre a crise de 1929 e aquela de 2008:

1. as dívidas atingem limites no ápice da bolha, levando a economia e os mercados a seu pico (como em 1929 e 2007);
2. as taxas de juro caminham para zero no meio da depressão (1931 e 2008);
3. a impressão de moeda começa, despertando um processo de desalavancagem (1933 e 2009);
4. os mercados de ações e ativos de risco em geral disparam (1933-1936 e 2009-2014);

5. a economia melhora em meio a uma recuperação cíclica (1933-1936 e 2009-2014);
6. os bancos centrais apertam suas políticos, forçando uma deterioração das condições para economia e para os mercados (1935 e 2015?).

Em carta a seus cotistas, Ray Dalio escreveu:

> Se alguém concorda que: a) estamos perto do fim da capacidade dos bancos centrais de países desenvolvidos de serem efetivos ao estimular o crédito e a economia em geral; b) o dólar é a moeda mundial de reserva e o mundo precisa de mais políticas acomodativas, e não restritivas, então deveríamos imaginar que o Fed deva ser muito cauteloso ao apertar o torniquete monetário.

Essa imposta necessidade de ser cauteloso pode levar o Fed ao caminho alternativo supracitado. Ou seja, atrasar para além do razoável a subida do juro. Com medo da reação da economia e dos mercados, vai-se adiando indefinidamente o processo, até acabar de vez com a funcionalidade da política monetária (bem-vindo ao Japão) e explodir a bolha de ativos. A recuperação norte-americana tem sido apoiada em pilares frágeis, muito sustentada no próprio apoio dos bancos centrais e em elementos de caráter estritamente cíclicos. Como exemplos sintomáticos, pode-se observar o comportamento das vendas ao atacado (*Wholesale Sales*), que em fevereiro de 2015 marcaram seu terceiro mês consecutivo de queda, a pior sequência desde a última recessão. A esse indicador, soma-se o comportamento dos pedidos das fábricas (*Factory Orders*), também apontando na direção da fragilidade da recuperação da economia, com recuo de 4,3% na comparação ano contra ano, a maior retração desde a quebra do Lehman Brothers.

A recuperação norte-americana tem sido apoiada em pilares frágeis, muito sustentada no próprio apoio dos Bancos Centrais e em elementos de caráter estritamente cíclicos.

Como exemplos sintomáticos, pode-se observar o comportamento das vendas ao atacado (*Wholesale Sales*), que em fevereiro de 2015 marcaram seu terceiro mês consecutivo de queda, a pior sequência desde a última recessão. A esse indicador, soma-se o comportamento dos pedidos das fábricas (*Factory Orders*), também apontando na direção da fragilidade da recuperação da economia, com recuo de 4,3% na comparação ano contra ano, a maior retração desde a quebra da Lehman Brothers.

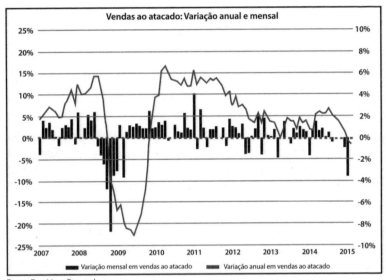

Fonte: Empiricus Research.

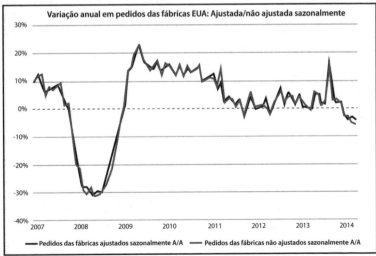

Fonte: Commerce Dept. Zero Hedge.

Num quadro como esse, de pilares frágeis, exacerba-se a sensibilidade a qualquer mudança no panorama, em especial se essa alteração está ligada ao principal fator de sustentação à economia, justamente a política monetária. À primeira sinalização material em favor da subida do juro, os mercados tendem a reagir de forma muito desfavorável. Para além do mundo estrito das finanças, a mesma dinâmica valeria para os demais agentes econômicos, que poderiam acabar alterando suas intenções de consumo e investimento.

O histórico tem apontado justamente nessa direção, e isso não está restrito às bolsas norte-americanas. Para dimensionar o problema, basta notar que, entre maio e junho de 2013, o Ibovespa, principal índice de ações do Brasil, caiu 15%, enquanto o dólar disparou 11% contra o real, simplesmente porque o Banco Central dos EUA sinalizou, à época, que poderia, em breve, começar a reduzir seus estímulos à economia. O comportamento transmite uma mínima ideia do que pode acontecer quando o Fed iniciar concretamente o processo de subida da taxa básica de juro. De forma recorrente, dirigentes do próprio Banco Central dos EUA tratam dessa questão. William Dudley, presidente do Fed de Nova York, mostrou-se preocupado com a reação dos mercados à elevação do juro nos EUA, alertando para a possibilidade da resposta das bolsas acabar ditando, posteriormente, o futuro da política monetária norte-americana: "Como agiremos depois da primeira elevação dependerá da reação dos mercados."

Os próximos passos do Fed não são dependentes dos dados. Eles são dependentes do Dow Jones. Todo esse medo dos impactos sobre os mercados e sobre a economia em geral carrega consigo a possibilidade de que o Fed vá atrasando indefinidamente o início do aperto monetário. A liquidez atingiria níveis descabidos, com consequências irreparáveis sobre o apreçamento dos ativos e alavancagem do sistema. Quanto maior o abuso durante a festa, maior a ressaca. Inflaríamos ainda mais a já existente e enorme bolha de ativos financeiros em âmbito global, apenas à espera do

Momento Minsky, quando a estabilidade excessiva e prolongada, capaz de suprimir a volatilidade por muito tempo e esconder riscos, acaba se transformando em instabilidade. O exato momento em que a calmaria subitamente vira tempestade.

A rigor, o Banco Central norte-americano já foi longe demais e agora enfrenta severa resistência para apertar o torniquete monetário. Estamos falando de US$ 100 trilhões de excesso de liquidez no mundo. É a maior bolha financeira já vista em todos os tempos. O responsável pela caminhada das bolsas mundiais para níveis recordes encontra nessa liquidez a grande explicação. A bolsa chinesa talvez seja o exemplo mais emblemático: na média, as ações de tecnologia chinesas alcançaram em abril a relação de 220x seus lucros anuais, em apreçamento muito superior inclusive àquele observado durante a bolha pontocom, quando as ações de tecnologia dos EUA negociavam, na média, a 156x.

Não há mais como fugir. Os impactos serão igualmente grandes, possivelmente maiores do que aqueles vistos em 2008. Jamie Dimon, CEO do JP Morgan, em carta aos acionistas do banco relativa aos resultados de 2014, resumiu muito bem a questão ao afirmar que a próxima crise deve causar grande volatilidade nos mercados, mesmo em ambiente de elevada liquidez, com um rápido declínio dos *valuations*:

> O mercado de Treasuries esteve bastante turbulento na primavera e no verão de 2013, quando o Fed sinalizou que em breve reduziria seu programa de compra de títulos. Depois, num único dia, em 15 de outubro de 2014, os Treasuries se moveram 40 pontos-base, algo sem precedentes e que representou sete a oito desvios-padrão mais do que sua média histórica, um evento esperado para acontecer uma vez a cada três bilhões de anos. (...) Algumas moedas recentemente tiveram movimentos semelhantes. Importante aqui: os Treasuries e algumas dessas moedas são considerados os ativos mais tradicionais, estáveis e líquidos em todo o mundo.

Àquela altura, já havia danos irreparáveis. Os esforços monetários foram muito grandes, os juros estiveram baixos por tempo excessivo e a introdução de dinheiro no sistema superou qualquer dose razoável. Estimulamos exageradamente a tomada de riscos e a alavancagem. Agora não há como escaparmos incólumes. É melhor apertar os cintos.

Um pouco mais sobre o ouro

Em face ao modo *dow dependent* do Fed, ou seja, à perspectiva de que o medo da reação dos mercados e da economia ao aumento do juro possa ser substancial, torna-se cada vez mais plausível a ideia de que o aperto monetário nos EUA pode ficar para depois. Os recentes indicadores da economia norte-americana apontam justamente nessa direção – como exemplos mais emblemáticos temos o Relatório de Emprego de março e os dados do *Factory orders* e do *Wholesale inventories*, já apresentados acima. Com isso, o Fed ganha tempo para pensar na estratégia de saída. Em outras palavras, vai sendo adiado o início do processo de subida do juro básico. A liquidez abundante continua por período mais dilatado e sobra dinheiro no mundo.

Tenho o prognóstico de que o Banco Central Chinês também deve se juntar em breve ao grupo dos países com afrouxamento quantitativo. A balança comercial chinesa apresentou em fevereiro superávit de apenas US$ 3 bilhões, contra expectativas na casa de US$ 44 bilhões. Para um modelo que historicamente sempre dependeu das vendas externas, é um indicador preocupante. Mais do que isso, embora as estimativas oficiais apontem ainda um crescimento anual da ordem de 7%, o que já representaria desaceleração importante frente aos anos anteriores, há grande receio de que a real evolução do PIB local seja inferior.

O megainvestidor Marc Faber, por exemplo, está entre aqueles que identificam crescimento de apenas 4% para a China. Ele se apoia em indicadores extraoficiais sobre vendas ao varejo e sobre o comportamento de commodities – o minério de ferro é caso típico, negociado em torno de US$ 45 por tonelada. Como pode haver uma queda tão substancial, de 35% em 2015, com a China crescendo 7%? Não parece fazer sentido. Note-se: vendas ao varejo, produção industrial e investimento em ativos fixos na China relativos a março vieram abaixo do esperado.

Em resumo, torna-se cada vez mais improvável enxugamento iminente da liquidez global. Ao contrário, o cenário de curto prazo ainda enseja mais moeda em circulação e inchaço adicional do balanço dos bancos centrais (falando em nível agregado, é claro). Dia após dia, fica claro que as autoridades monetárias levarão a aposta de impressão de moeda ao extremo. Obviamente, isso terá consequência sobre o valor das divisas. Tenho dito ironicamente que está claro agora que o dólar é a moeda mais doente do mundo, com exceção de todas as outras. Ou seja, até mesmo a moeda norte-americana, a melhor entre as disponíveis, apresenta grande fragilidade.Conforme já foi posto aqui, o ouro é a resposta pragmática a esse cenário e recomendamos fortemente a nossos leitores que assumam posição entre 5% e 10% do capital no metal precioso. Desde o início dessa sugestão, o ouro já apresenta valorização importante, mas entendemos ser apenas o começo do processo.

Essa aposta contra o excesso de moeda no mundo é a razão principal da aposta no ouro. Mas não é a única. Há uma demanda crescente de bancos centrais na ponta compradora. Em 2014, os BCs compraram 477 toneladas de ouro, próximo ao recorde em 50 anos. O Banco Central russo foi o maior comprador, representando 36% do total, segundo dados do World Gold Council. De acordo com o mesmo levantamento, os BCs compraram 1.964 toneladas de ouro nos últimos cinco anos, o que equivale a mais de sete meses da produção mundial do metal, com as autoridades monetárias indo atrás de alternativas à moeda fiduciária. Entre as razões dos bancos centrais para comprar ouro, está a diversificação das moedas tradicionais, a ausência de risco de crédito e uma boa liquidez. Ademais, com as taxas de juros muito baixas em nível global, reduz-se o custo de oportunidade de estar eu ouro – veja que há juros longos negativos na Europa. Há dois gráficos abaixo. O primeiro mostra a compra de ouro por diversos BCs em 2014, e o segundo relata a acumulação do metal nos últimos anos:

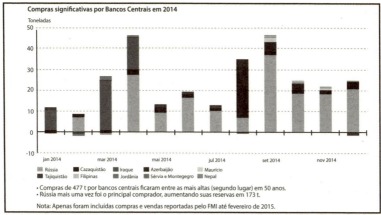

Fonte: IMF, IPS, World Gold Council.

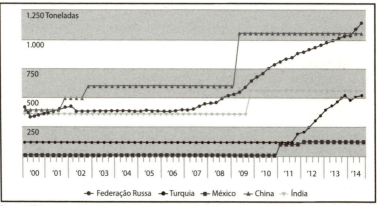

Fonte: IMF Estatísticas Financeiras Internacionais, World Gold Council.

E se há demanda crescente por parte dos bancos centrais, podem existir importantes restrições à oferta. O cenário de maior procura e oferta cadente, obviamente, sugeriria pressão importante sobre os preços. Em relatório publicado ao final de março, o Banco Goldman Sachs alertou para o pico de produção de ouro a ser atingido em 2015. A partir de então, mesmo diante do *bull market* da última década, observaríamos uma diminuição na oferta do metal.

Fonte: SNL Metals and Mining.

Tradicionalmente, a produção de ouro acompanha ciclos de descobertas feitas há 20 anos. Assim, tomando como base a visão de que o pico de novos achados aconteceu em 1995, entraríamos agora num processo de queda da produção. Em 1995, o nível de descobertas de novas reservas mineráveis de ouro atingiu o recorde de 140 milhões de onças. Foi uma trajetória crescente das descobertas até ali, iniciada em 1991. Em 2013, os novos achados montaram a apenas 10 milhões de onças.

De acordo com relatório da Goldman, haveria apenas 20 anos restantes para as reservas minerais de ouro e diamante. Para além da questão estrita da liquidez, o fundamento de oferta e demanda física pelo metal também parece apontar na direção da valorização do metal no longo prazo.

Em resumo, a combinação de economia global fragilizada, necessidade de continuar com o processo de ampliação da liquidez por parte da maioria dos Bancos Centrais, força compradora das autoridades monetárias desejosas de diversificar suas reservas em dólar e um maior equilíbrio entre oferta e demanda sugerem vigor à frente para o ouro.

Em tempos de liquidez excessiva e incerteza crescente, o metal precioso pode valer mais do que dinheiro.

Capítulo 6

Somos todos *groupies*

Vou falar da Micronésia. Eu sei que o leitor provavelmente não está interessado na Micronésia. Peço, porém, que não desista de imediato. Tenho razões práticas para o apelo. O que essas ilhas espremidas entre Filipinas, Indonésia e Nova Guiné teriam a ver com o seu bolso? Já chego lá... Antes, um pouco de Micronésia será importante para fundamentar a tese.

Até o final dos anos 60, o suicídio era bastante raro nessa região do Pacífico. Mas, subitamente e sem que ninguém pudesse entender ou encontrar justificativa plausível para o fenômeno, a Micronésia passou a conviver com uma epidemia de pessoas tirando a própria vida. A taxa de suicídios no local chegou a 160 para cada 100 mil. Nos Estados Unidos, por exemplo, a relação é de 22 em cada 100 mil. Níveis realmente alarmantes foram atingidos.

E não foi um incremento gradativo e linear. De supetão, a Micronésia viu seus jovens se matando por motivos banais. Aquilo que deveria ser um ato extremo, isolado, raro e até mesmo patológico passou a ser corriqueiro. Adolescentes decidiam tirar a própria vida por motivos esdrúxulos. Um jovem de 17 anos se matou após seu pai gritar com ele. Outro de 19 anos se suicidou porque sua mãe não lhe comprou o traje adequado para a formatura. Os exemplos são intermináveis, infelizmente.

Além do caráter epidêmico, havia outro elemento peculiar na onda de suicídios nas ilhas do Pacífico Sul: eles obedeciam a um certo padrão. A vítima era geralmente do sexo masculino, jovem, solteira e morava com os pais. A catálise para a ação costumava vir de um incidente doméstico, uma discussão com os pais ou com a namorada.

Em 75% dos casos, as pessoas nunca tinham tentado o suicídio previamente. E a maior parte dos casos acontecia nos finais de semana e geralmente após uma rodada de bebida, com o garoto amarrando uma corda com um laço a um galho, inclinando-se para frente e esticando a corda até interromper o fluxo de sangue para o cérebro, levando à morte por anóxia.

O suicídio na Micronésia parecia seguir um ritual bem definido, quase rígido, inserido no contexto local, conforme observa o antropólogo Donald Rubinstein:

> A ideação do suicídio parece comum entre os adolescentes de certas comunidades micronésias e é popularmente expressa em canções compostas na região e transmitidas pelas estações de rádios locais, assim como nos grafites que enfeitam as camisetas e as paredes das escolas.

O que explicaria o caráter epidêmico dos suicídios no sul do Pacífico? Vários estudos aprofundados apontam na mesma direção: a maior parte dos rapazes que tentava se matar relatava ter visto alguém fazer isso ou escutado falar sobre o assunto quando tinha 8 e 10 anos de idade. As tentativas decorrem tradicionalmente da imitação ou de um simples jogo experimental. O suicídio se torna banal porque, em um determinado momento, um sujeito relevante ou influente opta por esse caminho. Então, acaba validando esse tipo de comportamento e outros cidadãos passam a segui-los. O ato de uma pessoa tirar a própria vida ganhava contornos contagiantes. Um suicídio levava a outro, gerando um círculo vicioso.

David Phillips, sociólogo da Universidade da Califórnia, lançou uma série de estudos pioneiros sobre o tema. Ele queria saber se matérias sobre suicídios publicadas na primeira página dos jornais implicava impulso à prática nos dias seguintes por outras pessoas. Philips identificou alta relação entre as coisas. Logo após a publicação da notícia, a taxa desse tipo de ocorrência na área coberta pelo jornal aumentava. Se o caso fosse de repercussão nacional, esse incremento era observado no país inteiro. Estudos parecidos foram conduzidos em acidentes de trânsito. Novamente, o mesmo padrão. No dia seguinte a um suicídio de grande publicidade originado com batidas de carro propositais, o número de óbitos no trânsito era, na média, 5,9% superior ao usual. Obviamente, esse tipo de contágio não reflete algo racional, tampouco obedece a um esforço consciente de que aquela atitude representa a imitação de uma anterior. Ele simplesmente acontece, pois as pessoas se sentem "autorizadas" a cometer um determinado ato a partir da validação da atitude de um terceiro.

Mesmo em questões extremas e impensáveis, o ser humano está atrás de referências. Todos estão em busca de ídolos, heróis da vida real, ainda que isso signifique caminho trágico e irreversível. A ideia de adotar um padrão referendado por outrem parece enraizada no ser humano. Não é uma exclusividade do irreparável. A imitação e a busca pela adoção de comportamentos validados por terceiros vão muito além do escopo do suicídio. Por que, por exemplo, o tabagismo entre os adolescentes continua sendo um grande problema da atualidade, mesmo diante de grandes restrições à propaganda de cigarro e ao reconhecimento, pela maioria dos próprios fumantes, de que o hábito reduz substancialmente sua expectativa de vida? O movimento antitabagista nunca foi tão influente – e a mensagem continua sem efetividade prática. O que pode explicar isso?

O escritor Malcolm Gladwell, no livro *Ponto de Virada*, debruçou-se sobre o tema. A respeito de suas conclusões depois de entrevistar centenas de pessoas, Gladwell escreve:

> As respostas foram surpreendentes, sobretudo por se assemelharem tanto. O fumo parecia evocar um tipo particular de recordação da infância – vívida, precisa e carregada de emoções. Uma pessoa se lembra de como gostava de abrir a bolsa da avó, onde encontrava o "perfume suave dos Winston baratos e do couro misturados com o de batom comprado na farmácia e dos chicletes de canela." (...) O surpreendente é que em quase todos os casos o fumo estava associado com a mesma coisa: sofisticação.

A epidemia do cigarro guarda semelhança com aquela descrita para os suicídios pois deriva de pessoas possivelmente associadas à rebeldia, à aventura e à elegância, que dão permissão para a repetição do comportamento de um terceiro. A admiração e/ou a lembrança dessas pessoas deram início ao hábito de fumar no outro. O atual fumante tradicionalmente associa sua atitude ao comportamento observado em um terceiro que lhe parece bacana, descolado. Então, a partir da "autorização" alheia e da tentativa de imitação, o sujeito também adota o cigarro.

Quando referendado por alguém admirado, o tabagismo encontra as sementes para futuro crescimento vigoroso, em caráter epidêmico. Supostamente, os fumantes são bacanas. E, por isso, os adolescentes desejam (e adotam) o tabaco. Isso ajuda a explicar o fracasso retumbante da política antitabagista e da repressão dos pais ao cigarro, segundo argumenta Malcolm Gladwell. Quanto maior for a repressão imposta por aqueles tidos pelos adolescentes como a representação de autoridade e "caretice", maior será a associação do tabagismo com a rebeldia, a impulsividade, a coragem de assumir riscos, a precocidade e a indiferença pela opinião alheia.

A tentação à imitação de comportamentos referendados por pessoas influentes ou casos que acabam ficando famosos encontra na onda de suicídios da Micronésia ou no tabagismo entre adolescentes apenas dois exemplos. Há várias outras situações com dinâmica parecida. Outro exemplo marcante, e igualmente trágico, está na série de ataques a escolas dos EUA, de maneira subsequente ao famoso massacre na Columbine High em Littleton, Colorado, no dia 20 de abril de 1999. Houve 19 casos de violência escolar nos 22 meses subsequentes à tragédia de Columbine, todos eles com inspiração naquele. Em cada uma das investigações, a polícia identificou a vontade de refazer Columbine.

As três situações aqui descritas referem-se à imitação de comportamentos indesejáveis (suicídio, tabagismo e violência escolar). Isso é apenas coincidência, possivelmente derivada do viés de seleção do redator que se sensibiliza, verdadeiramente, com tais casos. A mesma dinâmica de copiar uma atitude alheia vale também para o escopo das coisas positivas e desejáveis.

A verdade é que estamos sempre atrás de alguém para referendar e validar nosso comportamento. Há uma tendência no ser humano em buscar um sujeito em quem se espelhar ou se inspirar. Todos nós queremos um guru para seguir, um ídolo do esporte ou da música, uma referência moral ou intelectual.

Eu também tenho meus próprios gurus. E sobre eles eu gostaria de discorrer neste texto. Quem são minhas principais referências, quais suas contribuições e como podemos transpor esses ensinamentos, pragmaticamente, para nossos investimentos? Não pretendo entrar, de forma detalhada, na teoria de cada um. O objetivo aqui é eminentemente prático. Tenho três grandes referências: Daniel Kahneman, Nassim Taleb e Warren Buffett. Entendo que o investidor com real treinamento nessa tríade está em grande vantagem frente aos demais. Assim, uma recomendação inicial – e importante – seria ler e reler tudo que for possível a respeito deles.

Daniel Kahneman é psicólogo e prêmio Nobel de Economia. É o maior expoente das Finanças Comportamentais, ramo da Economia que importa da Psicologia e da Sociologia uma série de preceitos. Trata-se do grande responsável pela introdução do estudo do homem – e não do *homo economicus* – na Economia e nas Finanças.

A racionalidade perfeita, o acesso, o processamento e a armazenagem de toda a informação relevante, a maximização da utilidade e outras premissas do *homo economicus* dão lugar aos vieses cognitivos. Nosso cérebro deixa de ser uma máquina perfeita e sem limites de fazer cálculos matemáticos complexos e assume contornos mais reais: ainda é uma excelente máquina, mas que também comete erros de forma sistemática. Para evitarmos responder perguntas difíceis e complexas, que exigem esforço computacional (cerebral), adotamos uma série de heurísticas, regras de bolso que nos fazem substituir uma questão difícil por outra mais fácil. Isso economiza tempo e esforço. Muitas vezes, é adequado e até mesmo necessário – se você está caçando ou fugindo de um predador, não terá tempo de verificar se estão preenchidas as condições de primeira ordem do processo de maximização de uma determinada função matemática, por exemplo. Entretanto, em outras situações, a troca de uma pergunta difícil por outra mais fácil implica muita perda de informação. A rigor, responder à segunda questão mais simples pode ser algo totalmente diferente de dedicar-se à primeira.

A adoção de heurísticas gera distorções no preço dos ativos financeiros e implica erros sistemáticos ao investidor em determinados momentos. Há uma gama enorme de ferramentas e estratégias de investimentos decorrentes das Finanças Comportamentais. Isso merece um relatório exclusivo. Neste momento, quero focar em Warren Buffett e Nassim Taleb, e em como ambos podem ajudá-lo neste momento.

Warren Buffett é possivelmente o maior investidor de ações de todos os tempos. Para alguém treinado em renda variável, portanto, tê-lo como referência é bastante lugar-comum. Antes de ter minha sugestão tomada como clichê, alerto: quase todos financistas dizem adorar Buffett; poucos o leram com profundidade e diligência. O mago de Omaha é, junto a Benjamin Graham (seu professor em Columbia), o grande expoente do *value investing*, a escola do investimento em valor. Ou seja, a abordagem que relaciona a compra de ações com o investimento em uma empresa. Aqui, não existem pequenos sinais verdes e vermelhos associados a um código de quatro letras e um número piscando em sua tela de computador. Há apenas o pedaço de uma companhia sendo negociado no ambiente de Bolsa. O comprador de ações, portanto, deve decidir sempre com a cabeça de ser sócio da respectiva empresa. Comprar uma determinada ação não significa a simples tentativa de vendê-la mais caro no período seguinte. A decisão representa a entrada numa sociedade. Ao adquirir um papel em Bolsa, o investidor está decidindo associar-se àquela empresa. Então, deverá, em linhas gerais, analisar duas questões abrangentes: i) a qualidade da respectiva empresa; e ii) o preço que está pagando para entrar. A qualidade está, basicamente, ligada à capacidade da empresa em entregar lucros consistentes, em diversos cenários. Uma recomendação simples e direta que decorre daí é: foque em companhias que deem lucro, lucro e lucro, em quadros de crescimento, recessão, juros altos, juros baixos, sol e chuva. Não se restrinja, porém, à última linha do resultado da empresa. Verifique se as receitas estão se comportando bem. Ou seja, se não é um negócio que está diminuindo com o passar do tempo. Prefira, claro, aquelas com crescimento consistente, de longo prazo e comprovado. Veja se as margens operacionais são razoáveis. Não adianta muito a empresa ter uma receita enorme e crescente mas isso não ser suficiente para chegar ao lucro ou a geração operacional de caixa. Companhias de margens muito apertadas podem parecer baratas e tornar-se caras muito rapidamente. Se a margem líquida (lucro líquido/receita líquida) diminuir de 2% para 1%, por exemplo, os lucros gerados serão tais que a companhia, subitamente, parecerá 100% mais cara.

Dificilmente, uma empresa com muita dívida conseguirá apresentar margens operacionais e líquida elevadas. O excesso de alavancagem impede que os fluxos de caixa gerados na operação cheguem até os acionistas. Uma sociedade deve existir para pagar seus sócios, e não para pagar juros aos bancos. Observe o indicador chamado de ROIC (*Return on Invested Capital*), ou seja, qual o retorno sobre o capital investido. Se a empresa investe a sobra de caixa ou o capital levantado junto a acionistas e credores sob rentabilidade adequada, é bem provável que sua sustentabilidade a longo prazo esteja garantida. Tente buscar empresas com histórico de boa governança corporativa, aquelas cujos *stakeholders* (os fornecedores de capital, credores e acionistas) dispõem de regras e práticas capazes de garantir retorno a seu capital. Pesquise sobre o histórico da empresa, de seus diretores, de seu controlador e de seus conselheiros e veja se está alinhado ao respeito aos acionistas minoritários.

Transcorridos esses passos e supostamente tendo concluído que a empresa tem qualidade, você pode se focar na questão do preço. De nada adianta uma companhia ser boa se você paga por ela algo além do que ela vale. Portanto, inicia-se a investigação sempre com dois elementos em mente: o preço, aquele nível em que a ação está negociação no momento, o quanto está se pagando por ela, algo, obviamente, observável; e o chamado valor intrínseco, ou seja, quanto vale aquele negócio, aquela empresa. Uma coisa é quanto você paga por um ativo, um carro, um apartamento ou uma ação. Outra coisa é quanto vale aquele negócio, algo associado normalmente à capacidade do ativo de gerar fluxos de caixa ao longo do tempo. Ao investidor, portanto, é necessário estimar o valor intrínseco, compará-lo com os preços pelos quais a ação está sendo negociada e, então, havendo desconto interessante do preço em relação ao valor intrínseco, sob a devida margem de segurança, a decisão acertada é pela compra. Como o preço é observável através das cotações em Bolsa, a parte difícil é justamente a definição do valor intrínseco. Como defini-lo? Duas abordagens. A primeira é, estritamente, intrínseca, pois compara a empresa com sua capacidade de geração de fluxos de caixa. E a segunda deriva de uma comparação com seus pares imediatos, a chamada análise relativa – se todas as ações do setor oferecem um retorno estimado anual de 10%, aquela empresa deve também render algo assim.

Analogamente, um apartamento vale a soma dos seus aluguéis de hoje até o infinito ou vale o quanto estão pagando por apartamentos iguais a esse. Se alguém precisa de uma regra de bolso para definir o que é barato, Benjamin Graham, o professor de Warren Buffett, deixa uma receita de bolo, preferindo ações que atendam a dois (ou três critérios): i) seu valor de mercado (preço das ações x número de ações emitidas) deve ser até 7x seus lucros anuais; ii) seu valor de mercado não deve ser superior a 120% de seu valor patrimonial; e iii) preferivelmente, que pague bons dividendos. Não há, porém, uma fórmula fechada em torno disso. Seja qual for sua métrica preferida para definir o valor intrínseco, o investidor deve sempre ter em mente que, ao comprar uma ação, está adquirindo um pedaço de uma empresa, tornando-se sócio daquele negócio. Então, aquele pedacinho adquirido, para ser um bom investimento, ter um preço inferior ao que, de fato, ele vale.

Uma das formas mais simples de conseguir comprar boas empresas a um preço interessante é buscar companhias que são sólidas e têm consistência de resultados de longo prazo, mas atravessam um mau momento em Bolsa. O mercado penaliza em excesso por resultados fracos de curto prazo. Em outras palavras, um trimestre (ou alguns poucos) ruim representa uma pequena perda no valor intrínseco, mas uma deterioração mais forte no preço. Esse afastamento entre preço e valor intrínseco deve ser visto como oportunidade. No longo prazo, assume-se haver convergência entre essas forças. Sempre que uma empresa boa vier a negociar com preços muito atrativos, o investidor deve aproveitar para comprar. Conforme já escreveu o próprio Warren Buffett em carta aos acionistas de sua *BerkShire Hathaway*, "somente os vendedores líquidos devem se preocupar com as quedas das ações. Os demais devem encarar isso como uma oportunidade."

Tudo isso, evidentemente, deve ser sempre feito com horizonte de longo prazo. Lembre-se: você está comprando uma empresa e ciclos empresariais são medidos em anos, não em dias. O imediatismo do mercado financeiro deve ser usado a seu favor, para aproveitar as distorções derivadas da sobreavaliação de resultados de curto prazo.

Capítulo 7

Os cenários possíveis: dólar e dólar. Recuperação da economia ou estagnação secular? Não importa, responde Tales de Mileto

Eu gostaria de poder conhecer o futuro. Saber com antecedência dos resultados dos indicadores econômicos capazes de determinar o preço dos ativos financeiros; antecipar movimentos de compra e venda de grandes investidores, mesmo que compulsórios, aqueles que fazem uma ação ou um título variar fortemente sem nenhuma alteração em seu fundamento, simplesmente porque um grande fundo resolveu vender (ou comprar); ou talvez, quem sabe, eu pudesse simplesmente adivinhar o valor do dólar no dia seguinte.

Infelizmente, não posso. E isso dificulta bastante as decisões, que, necessariamente, precisam ser tomadas em ambiente de incerteza. É possível que você pense se tratar de uma desvantagem. Algo representa uma vantagem (ou desvantagem) competitiva se tem um diferencial em relação ao geral. A questão importante aqui é que ninguém pode prever o futuro. Em princípio, todos nós dispomos das mesmas informações e somos incapazes de ver com nitidez aquilo que é opaco por definição.

A evolução dos preços dos ativos financeiros é, sobretudo no curto prazo, dependente da aleatoriedade. Temos vários cenários possíveis e não sabemos quais deles irão se materializar. Nesse esse rol de possibilidades, existem os cenários que conseguimos identificar como eventuais, e outros que nem sequer podemos conjecturar a respeito – esses últimos são os famosos *unkown unknowns*, de Donald Rumsfeld, ou seja, aquilo que nem sequer sabemos que não sabemos. Isso nos conduz à uma importante sacada, que considero ser, verdadeiramente, um dos maiores diferenciais competitivos da Empiricus: nós reconhecemos nossa ignorância. Sabemos que não sabemos de muita coisa. Tentar entender o mundo, fazê-lo caber numa planilha de Excel e projetar o futuro é uma tríade da qual nos abstemos desde nossa fundação. Como diria Nassim Taleb, o foco deve estar em como viver num mundo que não entendemos. Ou, na versão de Jorge Paulo Lemman, "No mundo onde vivo, a incerteza jamais desaparecerá." A questão é como lidar com isso.

Toda vez em que um analista, um gestor de investimentos ou um alocador de recursos se dispuser a prever o futuro, incorrerá em grandes riscos. Pode acertar uma, duas ou até três vezes. Dificilmente, porém, terá consistência de longo prazo. Por vezes – e isso é mais recorrente do que se supõe –, confunde-se análise com projeção. Eu não conheço o futuro. Sei que não vou conhecer. Os economistas são simplesmente aqueles que existem para justificar amanhã um erro de estimativa feita hoje. Ou, ainda, o motivo de orgulho para os metereologistas.

Ao bom alocador de recursos, cabe apenas (e isso já é muito) analisar a matriz de *payoff*. Em outras palavras, elencar caminhos possíveis à frente, sem tentar precisar qual deles vai se concretizar, e atribuir potenciais retornos a cada um deles. Abandona-se a noção de procurar qual dos cenários será verdadeiro. Nunca saberemos disso antes de sua materialização. Vemos as várias possibilidades e que retorno associa-se a cada uma delas. Então, vamos atrás de assimetrias favoráveis, ou seja, se o cenário favorável indica um grande ganho e o caso contrário sugere uma perda pequena, aquilo se configura como uma opção interessante, mesmo sem saber qual dos panoramas passará do campo da elucubração para o realizado.

Filosoficamente, é a mudança de uma matriz aristotélica, em que se persegue a verdade pura e cristalina, o cenário a ser materializado entre vários possíveis, para uma abordagem talesiana (de Tales de Mileto), com foco no resultado. Do ponto de vista pragmático (ao final, estar certo importa menos; relevante mesmo, em investimentos, é ganhar dinheiro), quanto mais convidativa for a assimetria, melhor. Assim, se você cometer uma porção de pequenos erros, bastará um único acerto grande para fazê-lo mais rico. Em resumo, num ambiente de incerteza, a decisão não deve se pautar no prognóstico do que vai acontecer, mas, sim, na ponderação entre o que você ganha no cenário favorável e o quanto você perde no quadro negativo.

Hoje argumento que o dólar se encaixa perfeitamente numa dessas assimetrias muito convidativas, servindo quase como exemplo de livro-texto ao argumento geral. Seja lá qual for o cenário a se materializar à frente, a moeda norte-americana parece posicionada para ganhar valor contra as principais divisas e, claro, contra o real em particular. Com humildade reafirmo: não sei o que acontecerá no futuro. Porém, entre as mais variadas possibilidades, o dólar surge, quase de maneira onipresente, como uma opção interessante de investimento. Explico o argumento, pautado integralmente na observação da matriz de *payoff* (e não na previsão de futuro).

Por lógica elementar, só pode haver dois caminhos para a economia norte-americana, após o crescimento de apenas 0,2% do PIB na medição preliminar do primeiro trimestre. A primeira estaria relacionada à interpretação de que a fraca performance da economia dos EUA no começo de 2015 estaria associada a fatores essencialmente transitórios, como sazonalidade fraca, frio excessivo e postergação de algumas grandes decisões de investimento. Assim, haveria recuperação já a partir do segundo trimestre. Essa parece ser a visão do próprio Banco Central dos EUA, que afirmou em documento publicado quando da última decisão de política monetária: "Informação recebida pelo Fomc, desde sua reunião em março, sugere que o crescimento econômico desacelerou durante os meses de inverno, em parte refletindo efeitos transitórios".

É uma opinião compartilhada por outros economistas, como Stephen Jen, gestor de recursos e ex-economista do FMI, que ressalta como, tradicionalmente, o primeiro trimestre costuma trazer dados "estranhamente fracos". Comentando a fraqueza do mercado de trabalho norte-americano em março, Stephen Jen afirmou:

> Nós tivemos exatamente a mesma surpresa negativa no ano passado e, ainda assim, a economia dos EUA continuou se recuperando como se nada tivesse acontecido. Em minha opinião, há uma alta probabilidade de que dados de emprego voltem a mostrar vigor já no curto prazo.

Em 2014, a economia dos EUA apresentou queda de 2,1% no primeiro trimestre e logo voltou aos trilhos, crescendo 4,6% nos três meses subsequentes e 5,0% entre julho e setembro. Federal Reserve e Stephen Jen não são exceções. "Nós acreditamos que a fraqueza do primeiro trimestre foi exagerada e haverá um *catch-up* significativo no segundo trimestre", resumiu Jim O'Sullivan, da *High Frequency Economics*, para quem a neve acima do esperado, atrasos nos portos e ajustes sazonais, além de efeitos associados ao impacto sobre a indústria de petróleo da queda da *commodity* subjacente, ajudam a explicar o desempenho fraco do primeiro trimestre.

Com visão semelhante, Michele Girard, do RBS, escreveu:

> Nós esperamos que a economia se recupere no segundo trimestre e além, do observado em 2014. O consumo e o setor imobiliário já dão sinais de ressurgimento. A balança comercial passa a se normalizar após interrupções forçadas nos portos. No segundo semestre, a força negativa ligada aos investimentos em função do colapso dos preços do petróleo deve arrefecer e, então, o efeito líquido dos menores preços de energia deve ser substancial.

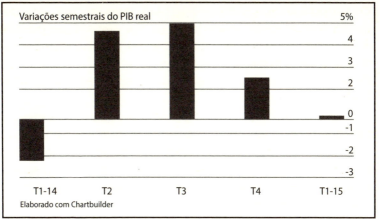

Fonte: Bureau of Economic Analysis.

Essa ainda é, em linhas gerais, a expectativa de consenso. A mediana das projeções dos economistas aponta para evolução da ordem de 3,0% do PIB dos EUA, no segundo trimestre de 2015, em franca recuperação após o avanço de apenas 0,2% entre janeiro e março. Tudo isso estaria no contexto do início de uma dinâmica – note-se: ainda modesta – propulsora à inflação, que combinaria recuperação dos preços do petróleo (+50% desde janeiro), queda da produtividade do trabalhador norte-americano (-1,9% no primeiro trimestre, contra expectativas de -1,8%) e aumento do custo unitário de mão de obra (+5% nos três primeiros meses de 2015). Na materialização desse prognóstico de recuperação da economia norte-americana, a partir do segundo trimestre e concepção de pressões inflacionárias (por ora, apenas incipientes), não haveria outro caminho além daquele ligado à subida das taxas de juro nos EUA, possivelmente em setembro ou, mais tardar, em dezembro.

Os mercados estariam preparados para uma subida das taxas de juro nos EUA? Não parece ser o caso. Quem melhor resumiu o argumento me parece ter sido Bill Gross, ex-gestor da Pimco e hoje na Janus Capital. Exponho a frase original e explico depois. Diz ele: "Se três trilhões de dólares em títulos soberanos europeus são descontados a partir de taxas de juros negativas, o quão alto pode atingir os *valuations* na *Euroland* (no Japão, no Reino Unido ou nos EUA)?".

Uma vez que o investidor desconte fluxos de caixa futuros a uma taxa de juro zero (ou, talvez, -2% em termos reais), os preços dos ativos de risco podem ir para o infinito, porque os fluxos de caixa futuro, a valor presente, explodem para cima. Apresento o argumento de forma mais simples e detalhada.

Quanto vale um ativo? A resposta é direta: a soma de seus fluxos de caixa. Ora, como o valor do dinheiro varia ao longo do tempo, o fluxo de caixa de hoje não representa a mesma coisa que o fluxo de caixa projetado para daqui 30 anos (ou mesmo para o ano que vem). Assim, cada fluxo de caixa deve ser trazido a valor presente, normalizando os fluxos para "valores de hoje". Para tanto, deve-se usar uma taxa de desconto apropriada. Então, no limite, usa-se uma taxa zero para descontar os fluxos de caixa futuro, cada um desses valores dispara de forma ilimitada. Algebricamente, a taxa de desconto está no denominador. Logo, se ela é zero, o valor do fluxo a valor presente converge, assintoticamente, para infinito. E a soma desses vários fluxos de caixa, que representa o valor do respectivo ativo, também será infinita.

O que está por trás do raciocínio, obviamente levado ao extremo, é que taxas de mercado muito baixas são capazes de justificar *valuations* bastante esticados. Ou seja, com juros zerados, o valor dos ativos de risco pode estar lá no alto. Por analogia, o momento em que os juros começarem a subir pode exigir um reajuste para baixo no valor justo dos ativos de risco, com uma corrida para a segurança e, obviamente, para o dólar, que é a moeda tradicional de reserva.

Há outra forma de ver o mesmo racional e chegar à mesma conclusão. O índice S&P 500, principal referência de ações nos EUA, negocia a uma relação preço sobre lucros de 18x. Isso, em linhas gerais, representa retorno anual na casa de 5,5%. Simultaneamente, o juro oferecido pelo título de 10 anos do Tesouro norte-americano é de 2,15% ao ano. Ou seja, o prêmio de risco de mercado (o excesso de retorno das ações sobre a renda fixa) ronda em torno de 3,35% ao ano. O padrão histórico é da ordem de 4% a 5%.

Já estamos abaixo da média histórica, o que indica bolsas um tanto caras. Entretanto, na falta de alternativas de rendimento razoável, acaba sendo um tanto pertinente. O que aconteceria, porém, se os juros de mercado caminhassem para algo em torno de 4%? O retorno anual de 5,5% hoje oferecido pelas ações ensejaria prêmio de risco muito baixo, exigindo uma correção para baixo no preço da renda variável. O gráfico abaixo, elaborado pelo banco Goldman Sachs, ilustra como as bolsas são sensíveis a processos de subida das taxas de juro:

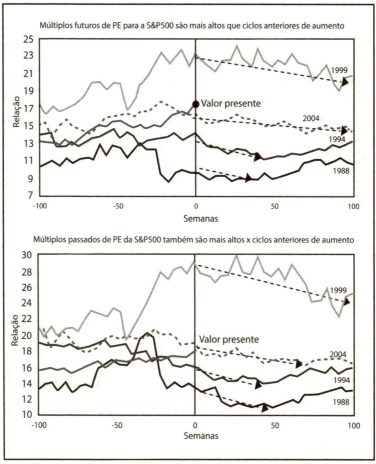

Fonte: Goldman Sache Global Investment Research.

Num quadro de forte correção dos ativos de risco, a tendência é migrar pela qualidade. Ou seja, investidores escondem-se na segurança do dólar, com prognóstico de valorização da moeda norte-americana. Uma forma bastante simples de entender isso é a mera constatação de que as taxas de juro maiores nos EUA tornariam o rendimento dos ativos denominados em dólar mais atrativos, atraindo capitais ao país e aumentando a demanda pela respectiva moeda. A esse contexto, soma-se interpretação interessante sobre o quanto o mundo está passivo em dólar. Voltando ao economista Stephen Jen, sua visão é de que os países, em âmbito global, estão *short* (vendidos) em dólar. Apoiando-se em dados do BIS, o economista afirma que tomadores de recursos privados e soberanos devem US$ 9 trilhões, em empréstimos denominados em dólar, sendo que a maior parte desses recursos deve ser liquidada nos próximos anos, representando grande força compradora do *greenback*.

A moeda brasileira é a representação canônica de um ativo de "beta alto", ou seja, muito sensível a variações do dólar contra as principais moedas e a alterações dos fluxos de capitais em nível global. Tipicamente, a reação do real a cenários como o descrito acima é expressiva. O momento, entretanto, pode levar a taxa de câmbio a apresentar volatilidade superior à mostrada historicamente. Há uma razão objetiva para isso. O déficit em conta corrente (soma das transações envolvendo bens e serviços com o exterior) brasileiro tem sido, recorrentemente, elevado e superior ao considerado sustentável. Ainda mais importante, o saldo negativo supera com folga o investimento estrangeiro direto. Ou seja, para fechar seu balanço de pagamento (soma de todas as operações com o resto do mundo) e não incorrer em perda de reservas, o País necessita da entrada de capitais de curto prazo.

Enquanto a liquidez internacional for expressiva e os juros continuarem zerados no exterior, não parece haver grande problema. Entretanto, esse dinheiro especulativo é muito volátil e sensível às mudanças das condições de liquidez global – o processo de subida de juro nos EUA, a partir de uma eventual recuperação pronunciada da economia, poderia ensejar condições mais perversas para o fluxo de capitais a mercados emergentes. Essa questão já foi muito bem documentada por Guilhermo Calvo, no clássico *Capital Flows and Capital-Market Crises*: o fluxo de recursos a países emergentes sofre interrupções súbitas, com impactos destacados sobre suas taxas de câmbio.

Considerando dados do primeiro trimestre de 2015, o déficit em transações correntes monta a 4,54% em 12 meses, equivalente a US$ 101,6 bilhões. No mesmo intervalo, o Investimento Estrangeiro Direto monta a US$ 88,793 bilhões, ou 3,97%. Há, portanto, uma dependência significativa de capitais de curto prazo para preencher o saldo remanescente e afastar suposições de estrangulamento externo. De acordo com a mediana das estimativas no relatório Focus do início de maio, o déficit em conta corrente, em 2015, deve ser de US$ 80 bilhões, para IED estimado de US$ 59 bi, corroborando o argumento supracitado. Em resumo, a eventual recuperação destacada para a economia norte-americana, cujo desdobramento imediato seria a alta das taxas de juro (com forte impacto sobre os mercados), teria como resultado potencial súbita e vigorosa desvalorização do real. Em outras palavras, do cenário possível de maior crescimento dos EUA decorrem o prognóstico de apreciação do dólar e, por conseguinte, a recomendação de exposição à moeda norte-americana. Resta a análise da hipótese alternativa: e se a economia norte-americana não se recuperar? E se o crescimento continuar muito baixo por período dilatado, forçando a continuidade de juros zerados por todo o horizonte tangível? A argumentação em torno dessa questão envolve, primeiramente, a verificação da viabilidade da hipótese. Seria razoável um cenário de juros zeros, algo sem precedentes na história, por muito tempo? Respondo categoricamente: sim. Note que não estou afirmando que, necessariamente, esse será o cenário a se materializar. Ressalto apenas ser, sim, possível que entremos globalmente numa espiral deflacionária, marcada por baixo crescimento econômico e juros em torno de zero. Essa hipótese tem, inclusive, ganhado espaço no rol de possibilidades a partir dos recentes indicadores da economia norte-americana e da revisão para baixo das expectativas de crescimento à frente.

Em contrariedade à suposição de retorno do crescimento do PIB dos EUA para a casa dos 3%, já no segundo trimestre, estão, por exemplo, as projeções realizadas pelo Federal Reserve de Atlanta, através de seu GDP Nowcasting. Esse é um novo modelo desenvolvido pelo Fed de Atlanta e que projeta a evolução do PIB a partir de 13 de seus subcomponentes e de um *tracking* mensal. O modelo acertou quase na veia a evolução do PIB dos EUA no primeiro trimestre, desafiando a estimativa de consenso, que apontava algo em torno de 1% (contra o reportado de 0,2%). Para o segundo trimestre, a estimativa do Fed de Atlanta sugere crescimento do PIB dos EUA de apenas 0,8% no segundo trimestre. Isso, obviamente, é muito diferente dos 3% projetados pela estimativa de consenso. Os dois gráficos abaixo evidenciam a diferença das projeções do Federal Reserve de Atlanta em relação à média das expectativas:

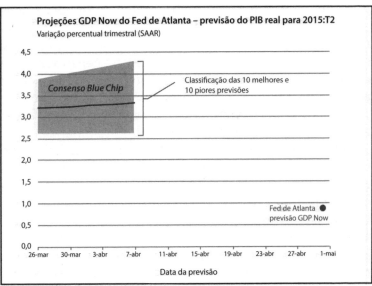

Fonte: Blue Chip Economic indicators and Blue Chip Financial Forecasts.

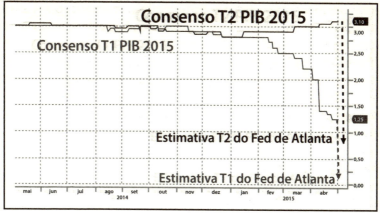

Fonte: Empiricus Research.

E o mais interessante vem agora: a aderência prévia do modelo com as referências do BEA (Bureau of Economic Analysis), conforme demonstrado no gráfico abaixo.

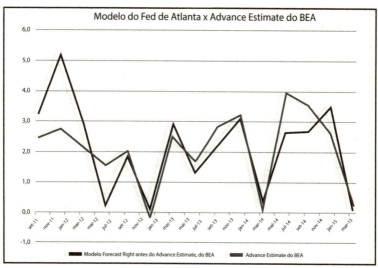

Fonte: Empiricus Research.

Evidentemente, essa preocupação com o crescimento muito lento não está restrita ao segundo trimestre. A rigor, há uma vertente cada vez mais numerosa defendendo o tema de expansão raquítica para os países desenvolvidos (e para os EUA, em particular), ou até mesmo estagnação, por mais tempo. Com efeito, o tema ganhou maior notoriedade desde artigo escrito no começo de 2014 por Larry Summers, ex-secretário do Tesouro dos EUA, na National Association for Business Economics, em que ele resgata a hipótese da estagnação secular. A ideia foi proposta originalmente no auge da "Grande Depressão", em 1938, por Alvin Hansen –, então presidente da American Economic Association. Sua concepção era de que a Grande Depressão representaria o início de uma nova era, associada a desemprego alto e duradouro e estagnação da economia. Para designar esse quadro, cunhou o termo de *secular stagnation*. Haveria duas variáveis explicativas principais para a hipótese de estagnação secular: i) redução da taxa de natalidade; e ii) excesso de oferta de poupança sobre os investimentos, o que derrubaria a taxa real de juro de equilíbrio potencial para baixo de zero, engendrando enfraquecimento da demanda agregada, posto que, a princípio, as taxas de juro efetivamente praticadas não podem ser negativas.

Pouco tempo depois, a eclosão da Segunda Guerra Mundial trouxe evidências de que a hipótese não seria estendida por um tempo muito dilatado. Diante da necessidade de ampliar o orçamento militar, os gastos públicos aumentaram fortemente, preenchendo qualquer eventual espaço deixado pela fraqueza de demanda agregada. Em paralelo, a geração do pós-guerra experimentou mudança dramática na dinâmica populacional dos EUA no clássico *baby boom*, apagando em termos práticos o problema de excesso de poupança ligado ao envelhecimento da população.

Recentemente, a questão da estagnação secular voltou ao debate, sobretudo a partir das contribuições de Lawrence Summers. Em artigo publicado no Financial Times em dezembro de 2013, de título *Why stagnation might prove to be the new normal*, Summers relacionou a hipótese à atual situação da economia norte-americana e dos países industrializados em geral. A tese aparece explicada com maior propriedade em texto também de Larry Summers, em fevereiro de 2014, na National Association for Business Economics (NABE), cujo título é *US Economic*

Prospects: Secular Stagnation, Hysteresis, and the Zero Lower Bound.

Em linhas gerais, o ambiente atual dos EUA assemelha-se muito àquele proposto por Alvin Hansen. Esse cenário teria começado antes mesmo da crise de 2008 e, anteriormente, fora mascarado pela bolha imobiliária. Nas palavras do próprio Summers, o panorama é tal que a taxa real de juro de equilíbrio entre poupança e investimento apresenta-se negativa. E isso tem implicações pronunciadas sobre a condução das políticas fiscal e monetária e sobre a estabilidade financeira. Estaríamos, olimpicamente, na estagnação secular. Embora não haja uma definição única em torno do termo, existe certo consenso de que o *secular stagnation* refere-se à reunião de baixo crescimento, baixa inflação e baixos juros por período prolongado. Para tanto, a taxa real de juro torna-se a variável-chave, representando o preço (a taxa) que equaliza, conforme terminologia de Knut Wicksell, a oferta de fundos emprestáveis (poupança) e a demanda por fundos emprestáveis (investimento).

Se há muita poupança relativa ao investimento, então a taxa real de juro tenderia para baixo. A estagnação secular decorreria de um excesso tal de poupança que exigiria taxas de juro negativas, não sendo uma situação apenas transitória ou temporária. Aqui surge outro problema. Juros muito baixos (ou até mesmo negativos) por muito tempo ensejam perigosas bolhas de ativos. Então, conforme argumenta Lawrence Summers, não haveria como coexistirem crescimento econômico razoável e estabilidade financeira. Esse seria, precisamente, o quadro hoje nos EUA e também nos demais países industrializados.

À NABE, Larry Summers fez três proposições: i) com a atual configuração dos EUA e de outros países industrializados, o alcance simultâneo de crescimento econômico adequado, utilização da capacidade e estabilidade financeira parecem cada vez mais difíceis; ii) esse quadro deriva de um substancial declínio da taxa natural (ou de equilíbrio) de juro real; e iii) endereçar esses problemas exige respostas de política econômica que representam arcabouço diferente daquele contemplado pela corrente teórica dominante.

Uma primeira consideração importante se refere à queda substancial do produto potencial (aquele associado ao maior ritmo possível condizente com a não aceleração da inflação) dos EUA, desde 2007. Em linhas gerais, a economia está agora 10% abaixo do que, em 2007, imaginava-se ser seu produto potencial em 2014. O gráfico a seguir ilustra a assertiva:

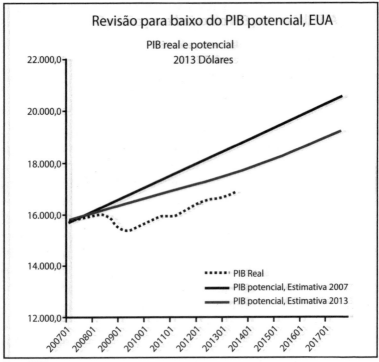

Fonte: CBO.

Outro argumento, na mesma direção, é que a taxa de ocupação, em relação ao total da população se mantém bastante baixa para padrão histórico, colocando em xeque a visão estereotipada de que há grande aquecimento do mercado de trabalho norte-americano. Ou seja, o desemprego está baixo por causa da redução da oferta de trabalho, com muitos simplesmente deixando de procurar emprego. O primeiro gráfico abaixo, mede a relação total entre emprego e população. O segundo repete a abordagem, mas considerando apenas homens de 25 a 54 anos, para filtrar eventuais estritas da dinâmica demográfica:

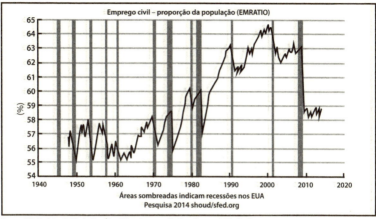

Fonte: Ministério do Trabalho dos EUA: Serviço de Estatísticas do Trabalho.

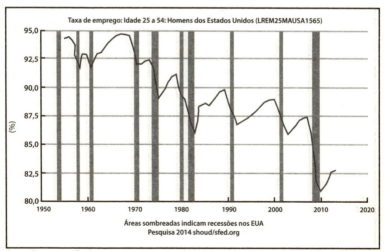

Fonte: Organization for Economic Co-opetation and Development.

Conforme esclarece Summers, essa redução do PIB potencial dos EUA está associada a redução dos investimentos e à diminuição da oferta de trabalho. Avançando na discussão, o ex-secretário do Tesouro norte-americano questiona:

Seríamos capazes de identificar algum período consistente em que a economia cresceu satisfatoriamente sob condições financeiras sustentáveis?

Ele mesmo responde:

Talvez alguém possa encontrar algum período isolado. Certamente, porém, essa foi a menor parte do tempo. A experiência histórica, em sua maioria, caracterizou-se por algo diferente disso.

O quadro não é exclusividade dos EUA, estendendo-se também aos demais países industrializados. Ao longo dos últimos 20 anos, o crescimento japonês está em torno de 1% ao ano – o Japão é talvez o exemplo canônico do que seria a estagnação secular. E o problema maior: há risco efetivo de que o mundo caminhe para se tornar japonês.

Analogamente, na Europa, após o comportamento inicial favorável decorrente do tratado de Maastrich, a evolução da economia tem sido inclusive inferior àquela apresentada pelos EUA nos últimos anos. Em resumo, conclui Summers:

A trajetória dos países industrializados ao longo dos últimos 15 anos é profundamente desencorajadora se observada sob a ótica da manutenção de crescimento substancial com estabilidade financeira. (...) Seria adequado considerar a possibilidade de que mudanças estruturais na economia levaram a uma alteração significativa no balanço entre poupança e investimento, causando um declínio da taxa natural de juro real.

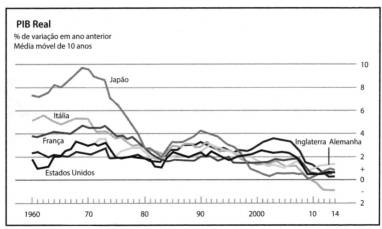

Fontes: Penn World Tables: *The Economist* e economist.com/graphicdetail.

A causa: queda da taxa natural de juro

Qual a dinâmica por trás do binômio impossível de crescimento vigoroso e estabilidade financeira proposto por Larry Summers? A resposta segue caminho bastante intuitivo. Num ambiente de excesso de poupança sobre o investimento em que a taxa de juro de equilíbrio estivesse muito baixa, seria de se esperar, em particular na fase descendente do ciclo, dificuldade crescente de se atingir pleno emprego e crescimento forte, por causa da truncagem das taxas de juro no nível zero (dificuldade em se trabalhar com taxas negativas). Sob taxas de juro real muito baixas e inflação também baixa, os juros nominais ficam igualmente pequenos. Assim, é natural imaginar incremento da busca por ativos de mais risco (e mais retorno) pelos investidores. Nessa perseguição desenfreada cresce a probabilidade de esquemas Ponzi (pirâmides) e instabilidade financeira. E o que explicaria o excesso de poupança e a queda da taxa natural de juro? Haveria, ao menos, cinco fatores.

O primeiro ligado à diminuição de investimentos financiados via dívida, ainda como consequência da dinâmica de desalavancagem em curso desde o estouro da crise *subprime*, quando as dívidas estavam excessivamente altas e precisavam ser desinfladas. Sobram situações tangíveis a esse respeito. Vale ponderar, por exemplo, que as empresas atualmente na liderança tecnológica, tradicionalmente grandes investidoras, como Apple ou Google, estão nadando em dinheiro, sem saber o que fazer com tanto caixa. De maneira parecida, leve em consideração que companhias como o WhatsApp tem valor de mercado superior àquele da Sony, por exemplo, com praticamente zero de investimento de capital aplicado para conquistar isso. Todo esse quadro significa redução da demanda por investimentos. O segundo fator para explicar a pressão para baixo na taxa natural de juro refere-se à diminuição do ritmo de crescimento populacional. Com prognóstico de menor evolução da população, há menos oferta de mão de obra, que, claro, é um fator de produção. Logo, essa dinâmica engendra também redução do PIB potencial. A figura abaixo mostra a evolução do crescimento da população dos EUA, corroborando o argumento:

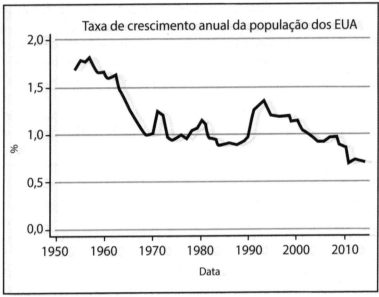

Fonte: Federal Reserve (FRED).

O terceiro ponto deriva de alterações na dinâmica de distribuição de renda, tanto na dimensão da renda alocada entre capital e trabalho quanto no pertinente à distribuição entre ricos e pobres. As mudanças nesse escopo sugerem aumento da propensão a poupar e maior disposição à retenção de lucros pelas empresas. Um aumento na desigualdade entre classes e a maior representatividade da renda do capital operam no sentido de elevar o nível de poupança, novamente jogando em favor da queda da taxa natural de juro. Os gráficos a seguir ilustram essas variáveis. O primeiro mostra a evolução histórica da participação dos lucros corporativos no PIB (fatia da renda do capital). E o segundo denota a representatividade da renda do 1% mais rico sobre a renda agregada (medida de desigualdade):

Fonte: Federal Reserve (FRED).

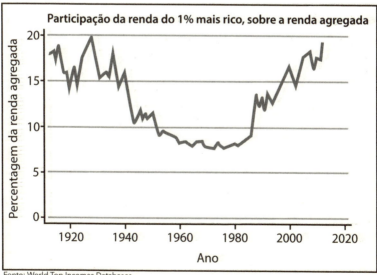

Fonte: World Top Incomes Databases.

O quarto elemento para referendar a tese de excesso de poupança em relação ao investimento e, por conseguinte, redução da taxa natural de juro é bastante intuitivo e relaciona-se à substancial alteração no preço relativo dos bens de capital. Evidentemente, uma redução do preço dos bens de capital significa que um determinado investimento pode ser realizado com menos empréstimos e menores gastos, novamente jogando em prol do excesso relativo de poupança. O gráfico abaixo mostra o comportamento do preço de bens de capital (máquinas e equipamentos em geral) desde 1980.

Fonte: Empiricus Research.

Por fim, há ainda uma quinta força, ligada a um esforço feito pelos bancos centrais em âmbito global no sentido de acumular reservas, com concentração desproporcional em ativos seguros em geral e em *Treasuries* (títulos do Tesouro norte-americano) em particular. Isso, de novo, representa aumento das taxas de poupança e pressão para baixo na taxa natural. A figura a seguir evidencia o argumento, com a evolução das reservas dos bancos centrais, em âmbito agregado e também separando entre países industrializados e emergentes:

Fonte: Empiricus Research.

Todos esses fatores atuam no sentido de comprimir a taxa natural de juro, cuja evolução estimada aparece descrita na imagem abaixo, condizente com a hipótese de estagnação secular:

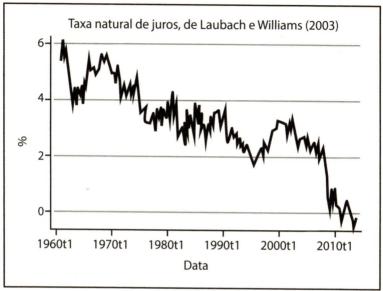

Fonte: Updated estimates from www.frbsf.org/economic-research/economists/john-williams/.

Conforme escreveu o gestor Bill Gross em seu mais recente *Investment Outlook* (perspectivas de investimento):

> Para a economia global, a trajetória rumo à normalidade parece bloqueada. Problemas estruturais – a Nova Normal (período caracterizado por baixo crescimento, baixa inflação e baixas taxas de juro) e a estagnação secular, que são resultado de envelhecimento populacional, elevada relação dívida/PIB e substituição tecnológica do trabalho, são fenômenos que parecem ter retraído o crescimento global nos últimos cinco anos e tendem a continuar influenciando à frente.

O leitor mais ansioso poderia inquirir: "Ora, mas esse cenário de fraco crescimento econômico ensejaria necessidade de postergação do aumento do juro nos EUA e até mesmo, eventualmente, exigiria lançamento do QE4 (afrouxamento quantitative). Isso contribuiria para a liquidez global, fortalecendo adicionalmente ativos de risco." Com efeito, é possível que fracos indicadores fortaleçam ainda mais a corrida por risco, dado o prognóstico de mais liquidez global, enfraquecendo o dólar no curtíssimo prazo. Entretanto, esse seria um quadro bastante perigoso a longo prazo – inclusive pior para os ativos de risco frente ao anterior, ligado à subida da *Fed Funds Rate*.

Se o mundo entrar em recessão prolongada num cenário de juros zerados, restará pouca alternativa aos formuladores de política econômica. Qual seria a efetividade de um quarto programa de afrouxamento quantitativo, se, comprovadamente (lembra-se da hipótese de que, nesse caso, estamos em recessão global), os anteriores não funcionaram? Note-se também que, por álgebra elementar, se a economia parar de crescer e os ativos de risco continuarem se valorizando, o descolamento entre os *valuations* e os fundamentos estritos (fluxos de caixa e lucros) será cada vez maior. A bolha pode, sim, ser um pouco mais inflada no curto prazo antes de estourar. Entretanto, ao final, sua explosão representará perdas muito superiores, em módulo, aos ganhos oferecidos por quem surfou o finalzinho do processo de inflagem adicional. Num quadro como esse, a moeda de reserva (dólar) obviamente tenderia a sair vencedora frente às divisas emergentes.

Em complemento, mesmo os descrentes na hipótese de bolha também encontram motivos para vislumbrar queda das moedas de países emergentes. A caminhada em direção a uma eventual estagnação secular implicaria menor demanda por *commodities* e, por conseguinte, deterioração dos termos de troca (relação entre os preços do que se vende ao exterior e do que se compra de fora) de nações como o Brasil. Isso, obviamente, joga contrariamente a suas moedas, sobretudo naqueles países em que o déficit em conta corrente é elevado – exatamente nosso caso, com 4,5% de saldo negativo em transações correntes.

Conforme conclui Bill Gross, o superciclo de valorização de ativos de risco pode estar próximo ao fim. Ele se junta a um time formado por outros grandes gestores como Stanley Druckenmiller, George Soros, Ray Dalio e Jeremy Grantham para nos alertar para a possibilidade de exaustão dessa trajetória positiva – 35 anos depois, um grande ciclo pode estar chegando ao fim.

Capítulo 8

O *value investing* está morto

O *value investing*, a tradicional escola de investimentos em valor, está morto. *Dead as dead*. Ao menos, tal como se conhece usualmente. Ao ler essa afirmação, as *cheerleaders* que sonham em perder a virgindade com Warren Buffett e Benjamin Graham, possivelmente já iniciam uma rebelião contra o herege pecaminoso Felipe Miranda. Antes da condenação à forca, deixe-me falar um pouco mais sobre isso.

A cada começo de ano, olho no espelho e questiono-me seriamente: conseguirei novamente bater o mercado? Ou seja, prover a meus clientes retornos superiores àqueles da média? Sei que a prática questionadora não é exclusividade minha. A rigor, todos os alocadores de recursos, analistas e mesmo investidores individuais convivem – ou, no mínimo, deveriam conviver – com essa dúvida.

Depois de pensar durante alguns minutos à frente de minha imagem refletida, chego à mais sincera das respostas: simplesmente não sei. Por mais preparado que você esteja, tanto do ponto de vista teórico, acadêmico ou prático, por maior que seja sua dedicação e por melhor que seja sua equipe de apoio, não há garantia. Simples assim. Essa é a mais profunda verdade e você deve desconfiar de todos os deuses e heróis que prometem-lhe algo diferente. Todos eles, com suas certezas charlatãs, têm sido campeões em tudo. Estou farto de semideuses! Onde é que há gente no mundo?

Com efeito, a conclusão sobre a incapacidade humana em prover com 100% de certeza e antecipação retornos acima do mercado durante o ano decorre de uma construção lógica: não há método consistente e comprovado para superar a média durante curtos intervalos de tempo – e, evidentemente, você precisa admitir para sua ansiedade que, quando se trata de investimentos, 12 meses representam curto prazo. Ciclos econômicos e empresariais são medidos em anos, até mesmo décadas, e não em meses.

O *value investing* buffettiano, o *growth investing* fisheriano, a fronteira eficiente de Markowitz, a antifragilidade talebiana... todos eles são métodos de longo prazo, cujos resultados, portanto, não devem, nem podem, ser medidos no horizonte de um ano. Eles não cabem dentro do calendário Pirelli. No fundo, todos sabemos disso. Os gestores, os analistas e, ainda que não queiram reconhecer, também seus clientes, que cobram injustamente dos profissionais de investimento o impossível. Mas não pense que a injustiça é unilateral. Esses mesmos profissionais, desprovidos de ansiolíticos e ávidos por captar recursos/clientes a qualquer custo, assumem para si o compromisso com resultados de curto prazo. Ainda pior e mais grave, prometem a seus clientes o que não podem entregar.

Toda a indústria, portanto, fica subvertida. Medem-se equivocadamente competências individuais por performances de curto período, que decorrem basicamente da aleatoriedade e não de méritos próprios. A sorte e o azar elegendo vencedores, que vão lá estampar exitosamente a capa da revista Exame apenas poucos meses antes da bancarrota – sua e de seus clientes. Diferente da perenidade da estrutural competência, a sorte de hoje se transforma no azar de amanhã e, subitamente... poft! Estão quebrados o gestor campeão do ano passado e todos os seus cotistas.

Gostaria, porém, de não ficar apenas nisso. Aqui quero dar um passo além no reconhecimento de minha – e de todo mercado – própria ignorância. Não há sequer garantia de que você terá retornos acima do mercado mesmo no longo prazo. Tudo que podemos fazer é aumentar nossas chances de sucesso – e isso já é muito. Não existe uma única metodologia capaz de prover-lhe certeza de êxito, por uma razão muito simples: qualquer instrumental analítico apoia-se em premissas sobre o futuro e esse diabo é opaco, incerto, volátil e sensível à menor das mudanças de cenário e percepção. Cito três exemplos capazes de elucidar o argumento.

1) No geral, os ativos brasileiros estão baratos ou caros?

Minha resposta é bastante simples: estão caros se a situação política e econômica continuar tal como se apresenta; e estão muito baratos se houver uma resolução para o impasse político. Por exemplo, o eventual *impeachment* da presidente Dilma traria clara percepção de que os ativos estão altamente atrativos e devem subir vigorosamente. O problema: não há como saber se haverá ou não o tal impedimento.

2) Outra situação: vale a pena comprar *bonds* da Petrobras?

Olhando apenas para o balanço da companhia, que mais parece uma bomba relógio, eu diria categoricamente que não. Porém, se você assumir que, num eventual *stress* financeiro corporativo, a companhia seria grande demais para falir, contando com a ajuda governamental para eventual salvamento, então eu falaria, com a mesma convicção, que sim.

Se o risco Petrobras é soberano, o juro oferecido por seus *bonds* mostra-se excessivamente alto, valendo a pena o investimento. Já se você entende tratar-se de coisas diferentes, mesmo porque salvar Petrobras poderia significar, para União, condenar a si mesmo, não vale. E, então, pergunto: há alguém no mundo capaz de garantir que o Governo não salvaria a Petrobras, seja por falta de vontade ou de dinheiro?

3) Encerro a lista de exemplos com caso alheio à esfera pública, para evidenciar o caráter geral do raciocínio. As ações de Pão de Açúcar me parecem extremamente baratas caso o business, estruturalmente, se mantenha o mesmo, estando apenas sob dificuldades conjunturais geradas pela profundidade da recessão e pela curva de aprendizado dos franceses. Mas podem ser vistas como bastante caras, se você entender que o Casino não entende o varejo brasileiro e que a Via Varejo será um eterno consumidor de caixa. A questão aqui é que não há, no mundo, um único sujeito

sequer (ok, talvez o Abílio) capaz de afirmar categoricamente qual a verdade aristotélica entre os dois cenários possíveis.

Talvez o leitor mais desconfiado possa contra-argumentar: "Ora, mas veja, Felipe: Warren Buffet, pautado em seu *value investing*, está gerando retornos consistentes há 80 anos."

Há vários elementos em minha resposta. O primeiro deles é que, se você alinhar seis bilhões de macacos em frente a uma tela de computador e um sistema QWERT, um deles produzirá *Os Lusíadas*. Reconheço, porém, que talvez não seja apenas resultado estrito da aleatoriedade. Afirmo convictamente, entretanto, que Warren Buffett é muito mais complexo do que ele mesmo auto se define. Seu processo de investimento envolve muito mais coisa do que o descrito pelo *value investing* tradicional nos livros, mesmo nas autobiografias.

Basta ver, por exemplo, artigo de Gerald Martin (American University) e John Puthenpurackal (University of Nevada), de abril de 2008 e título: *Imitation is the Sincerest form of Flattery: Warren Bufett and Berkshire*. O documento estuda os retornos dos investimentos de Buffett entre 1976 e 2006 e conclui que o guru de Omaha, majoritariamente, investe em *large caps* de crescimento, em vez de ações tradicionalmente associadas aos critérios de valor. Contrariando o senso comum, Buffett seria mais um *growth investor* do que um *value investor*.

Rótulos à parte – classificações realmente pouco me interessam –, o tal *value investing* não parece assim tão infalível em termos práticos, posto que até mesmo seu idealizador utiliza pragmaticamente critérios que extrapolam o instrumental clássico. O Buffett prático é, felizmente, muito mais complexo e profundo do que o teórico. Como muito bem resumiu Polanyi, muito do conhecimento é tácito, intransmissível, informalizável, irretratável. E é justamente essa a parte mais relevante.

Há um ponto em que o mecanicismo do *value investing* clássico beira a ingenuidade. Falo da ideia do valor intrínseco, como se cada ativo tivesse suas características essenciais, inapartáveis, indissociáveis, independentes de fatores externos – essa é a definição de intrínseco, certo? Entretanto, um bem (ou ativo financeiro) pode ter valores distintos para mim e para você. A depender das necessidades individuais (se você estiver com muita sede, um copo d'água vale muito; ou, se você já tem muitos dólares na carteira, os dólares adicionais valem menos), das taxas de juro associadas a cada investidor, das moedas a que cada indivíduo está submetido, um ativo pode ter valores diferentes para cada pessoa. Nesse sentido, só pode haver valor extrínseco (dependente de fatores externos), e não valor intrínseco. É evidente de que o tal *intrinsic value* se mostra bonitinho retoricamente. Supor que **A** (preço) será atraído pela força gravitacional de **B** (valor) facilita bastante as coisas, retira incerteza do processo e torna palatável o processo de investimento. Todos estão atrás de certezas e convicções.

Ideologia, eu quero uma pra viver!

Infelizmente, porém, na prática, as coisas não funcionam assim em termos práticos. Não temos como determinar qual o valor intrínseco de certo ativo, pela razão óbvia de que esse tal valor depende de fluxos que estão no futuro, e o futuro é impermeável. A rigor, não sabemos sequer se há um valor intrínseco, mesmo que impossível de ser calculado.

Na época em que se "amarrava" cachorro com linguiça, ou seja, quando foi inicialmente formulado por Benjamin Graham, o instrumental mecanicista até fazia sentido. Desprovido de qualquer informação pública e sistematizada, o sujeito saía da Universidade de Columbia atrás de um único balanço anual, escondido na sede da companhia no meio do Mississipi. Então, poderia, à frente dos outros, ver a qualidade operacional da empresa e o quanto suas ações estavam mal apreçadas em Bolsa.

A assimetria de informação era gritante. Aos poucos, os demais analistas e investidores passavam a ter acesso àquela informação corporativa e as ações iam se valorizando. Hoje não é mais assim. Todo mundo sabe de tudo, instantaneamente.

Há 50 analistas cobrindo as ações de Vale, estudando até a cor da cueca do Murilo Ferreira. Você pode se achar muito inteligente – e eu não duvido de suas competências –, mas devo lhe dizer: essas outras 50 pessoas são igualmente inteligentes e dedicadas. Não estou, com isso, propondo uma postura niilista, como se, diante de um cenário de incerteza irreconciliável, não tivéssemos nada a fazer, estando condenados a retornos em linha com o mercado.

Advogo em prol de um novo *value investing*, em que usam as ferramentas buffetianas para comprar barato. Apenas isso. Não na esperança de que o barato necessariamente ficará caro, de que o atual preço convergirá para o platônico valor intrínseco. Simplesmente na esperança – nada além da esperança – de que as surpresas estarão do lado positivo, pois as negativas já se encontram devidamente incorporadas aos preços descontados.

Há uma mudança importante em relação à abordagem mais tradicional. Admito a impossibilidade de certezas e de estimar potenciais de valorização a serem materializados. Apenas tento controlar o *downside* e buscar assimetrias convidativas entre perdas (pequenas) e ganhos (grandes) potenciais.

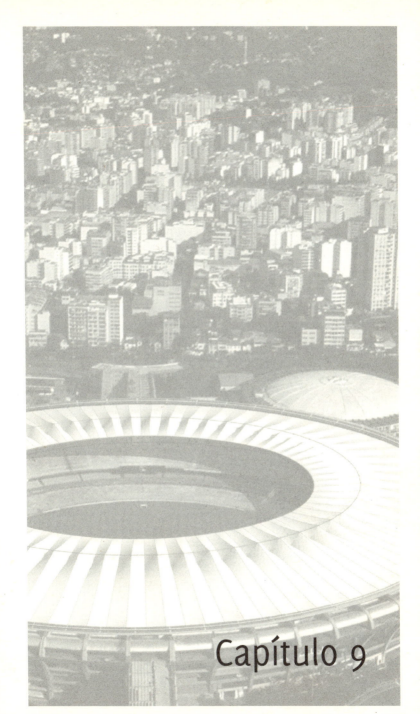

Capítulo 9

Alguns erros são imperdoáveis. Ou, 2016 e um novo Maracanazo

Aos 11 anos de idade, assisti pela primeira vez ao curta metragem "Barbosa". Chorei profundamente. Em diversas outras oportunidades na minha vida, voltei a ver o filme. Em todas elas, fui tomado pela mesma emoção. A cobrança injusta e o rancor atribuídos a um homem por décadas me tocavam a alma.

No curta, o personagem de Antonio Fagundes dedica uma vida à construção de uma máquina do tempo com um único objetivo: voltar ao ano de 1950, ao estádio do Maracanã, e avisar ao goleiro Barbosa que, aos 34 minutos do segundo tempo, o ponteiro uruguaio Gigia desferiria um chute rasteiro, em seu próprio canto. Supostamente, o aviso garantiria o empate e, por conseguinte, o título para a seleção canarinho.

O personagem do protagonista do filme, quando criança, estivera lá, na tragédia do Maracanazo. Tivera, segundo o próprio, a fé e a vida solapadas por aquela inesperada derrota contra o Uruguai, na final da Copa de 1950. O Brasil precisava apenas de um empate para sagrar-se campeão. Éramos o melhor time. O estádio estava completamente lotado. A festa estava pronta. O discurso oficial já nos apontava como vencedores. Não houve festa. O Uruguai venceu por 2 a 1.

Um país inteiro chorou pela derrota surpresa. Ninguém esperava aquilo. Todos elegeram um culpado: o goleiro Barbosa. A bola que fora chutada em seu canto era totalmente defensável. Ele jamais teria o perdão. Passou a vida inteira como o responsável pela tristeza de uma nação. De acordo com suas próprias declarações, foi o único homem no Brasil a pagar por mais de 30 anos por um único crime. Cinco décadas haviam passado e ele não tinha ainda sido perdoado por aquela falha.

Seriam justas as críticas ao goleiro? Mesmo sendo, precisávamos mesmo tê-lo feito pagar com a vida e a saúde mental, por décadas, por aquele suposto frango? Passados 66 anos do Maracanazo, cá estamos nós de novo cobrando um novo Barbosa, o Nelson, agora ministro da Fazenda, pelos seus erros do passado.

Há, de fato, paralelos entre as situações, além da coincidência homônima? As críticas ao novo chefe da Economia seriam igualmente injustas e excessivas? Estaria Nelson Barbosa regenerado e pronto para fazer a nação feliz em 2016? Em termos mais práticos, pensando nos efeitos diretos para seus investimentos, leitor, pergunta-se: o que você deve fazer neste novo ano para ter bons rendimentos? Quais os potenciais impactos da nomeação do novo ministro da Fazenda?

Torna-te quem tu és

No livro *Soul's Code (O Código da Alma)*, o psicólogo James Hilman resume a verdadeira necessidade do homem: obedecer à vontade mais íntima de sua alma – a rigor, para evitar associação de caráter religioso, Hilman substitui o termo "alma" por "daimon". Não há como desafiar seu daimon – ele vai se vingar de você.

A alma de Nelson Barbosa é de um economista heterodoxo. Barbosa é PhD pela New School for Social Research in New York, mais alinhada ao pensamento desenvolvimentista, centrado na ideia de um Estado indutor do crescimento e no lado da demanda de uma economia. O atual ministro da Fazenda é também um dos formuladores da nova matriz econômica, o famoso conjunto de medidas adotado ao final do Governo Lula II e ampliado durante a administração Dilma. Em síntese, a NME era caracterizada por metas informais para taxa de câmbio (normalmente, adotadas como forma de estimular a indústria), perseguição deliberada a taxas de juros mais baixas (ainda que isso significasse certa benevolência no combate à inflação) e, especialmente, uma política fiscal (muito) expansionista. Tudo isso marcado pelo aumento da participação do Estado na economia, sob forte concessão de subsídios e expansão do crédito via bancos públicos.

Se a paternidade da nova matriz não é suficiente para lhe convencer do caráter heterodoxo de Nelson Barbosa, há de se observar que sua nomeação para ministro do Planejamento veio justamente para servir de contraponto à escalação do ortodoxo Joaquim Levy à frente da Fazenda. E, para reforçar o argumento, Barbosa mostra clara subserviência à presidente Dilma, cujo viés ideológico claramente confronta o liberalismo e o *supply side economics* (foco no lado da oferta). Exemplo claro está logo em sua estreia como ministro do Planejamento, quando originalmente prometera alterar as regras de reajuste do salário mínimo – logo teve de voltar atrás em suas palavras, após ser repreendido pela presidente Dilma. Deixemos o ministro da Fazenda falar por si mesmo por alguns instantes. Logo retomo.

Em *paper*, escrito em 2010, e cujo título é *A inflexão do Governo Lula: Política Econômica, Crescimento e Distribuição de Renda*, Nelson Barbosa, por exemplo, afirma:

> Durante o governo Lula, o Brasil iniciou uma nova fase de desenvolvimento econômico e social, em que se combinam crescimento econômico com redução nas desigualdades sociais. Sua característica principal é a retomada do papel do Estado no estímulo ao desenvolvimento e no planejamento de longo prazo.

Isso basicamente resume a cabeça do sujeito: alguém crente no papel do Estado como indutor do crescimento. Essa é a antiortodoxia, o contraponto teórico cirurgicamente preciso a Joaquim Levy.

Para não deixar dúvidas de sua posição, Barbosa, no mesmo artigo, vai além, claramente marcando sua posição crítica à escola liberal e favorável ao desenvolvimentismo. Destaco quatro trechos:

1. O ajuste fiscal de 2003-2005 não acelerou substancialmente o crescimento da economia nem tampouco ajudou o compromisso de melhorar a renda e o emprego, o que fez a visão neoliberal ir se esgotando nos primeiros três anos do governo Lula. Destaca-se outro ponto ainda mais relevante: a proposta neoliberal de novos ajustes recessivos acabou fortalecendo a visão desenvolvimentista sobre política econômica ao final de 2005.

2. E a opção estratégica fundamental em apostar no crescimento, ao invés de radicalizar a incerta proposta do ajuste fiscal contracionista, baseada nos cânones neoliberais, terminou sendo validada com base em resultados imediatos.

3. Ressaltamos que foi imprescindível a opção pragmática de atuar com medidas de incentivo fiscal e monetário conjuntamente às transferências de renda e ao aumento do investimento público. No conjunto, tais medidas macroeconômicas recuperaram de modo saudável o papel do Estado, tanto mais saudável quando observamos a pronta reação à crise internacional.

4. Fundamental para qualquer análise do período é a recuperação da postura mais ativa do Estado na promoção do desenvolvimento econômico. O desequilíbrio e a incerteza, inerentes ao crescimento econômico, demandaram um papel indutor e regulador mais consciente do Estado, especialmente na formatação das expectativas de investimento para o longo prazo. O reconhecimento da necessidade de um papel mais ativo do Estado, com a recuperação progressiva da capacidade de investir em áreas estratégicas foi, e continua a ser, imprescindível. Isso implicou o Estado assumir responsabilidades que se julgavam, durante a hegemonia neoliberal recente, alheias a suas esferas de atuação.

É evidente que Nelson Barbosa não vai se autoproclamar heterodoxo. Diante de uma das mais graves crises fiscais da história brasileira – possivelmente a mais grave entre todas –, a confissão o fritaria instantaneamente, com mercado explodindo o câmbio e as taxas de juro dos títulos públicos. Barbosa vai se colocar, retoricamente, como defensor do ajuste fiscal, supostamente consciente da responsabilidade de gerir os cofres públicos num momento em que o dinheiro acabou. Haverá também de dizer que aprendeu com experiências pregressas e não repetirá erros anteriores.

Palavras, porém, não pagam dívidas, tampouco apagam as mazelas da nova matriz econômica. Alguns erros são imperdoáveis, e não há como desculpar (livrar da culpa) alguém que se assume inocente, mesmo sendo autor de certas atrocidades no passado. Em adição, não pode haver perdão se as consequências dos malfeitos pretéritos encontram-se ainda sendo sentidas, sem, inclusive, perspectiva de superação a curto prazo. Nelson Barbosa, claro, tentará escapar do rótulo, apropriando-se de uma retórica desprovida de argumentos materiais. Sua alma, porém, não o deixará fugir. Ele é o que ele é. Queiramos ou não. E ele é o pai da nova matriz econômica, um economista apenas mediano, subserviente à presidente Dilma. Ponto final.

Talvez o leitor mais esperançoso possa contrargumentar, apontando uma possível mudança de opinião do atual ministro entre 2010 (data do *paper* citado acima) e 2016. Poderia ele dizer: "Ora, Felipe, você cita texto antigo. Ele pode ter aprendido com os erros, desde então, e agora é um homem regenerado, sabendo da necessidade de se fazer um ajuste fiscal."

Vejamos, então, o que Nelson Barbosa escreveu em artigo- de 18 de Agosto de 2014, intitulado *O desafio macroeconômico 2015-2018*. Destaco aqui apenas trechos mais emblemáticos e comento ao final de cada parágrafo:

> A economia brasileira passa por um período de lento crescimento do PIB e inflação ainda elevada. Esta fase começou em 2012

– quando nossos termos de troca começaram a cair e nossa taxa de câmbio começou a subir – devido às mudanças das condições econômicas internacionais.

O artigo começa com Nelson Barbosa adotando o discurso governista de que a estagflação (período de recessão combinada com alta inflação) deriva da crise externa. Ou seja, não houve erros na gestão da política econômica. Se os equívocos não são admitidos, como podemos superá-los e abraçar uma nova postura?

> Minha principal conclusão é que a superação dos dois desafios mencionados passa, inevitavelmente, pela maior liberalização dos preços relativos da economia – incluindo a taxa de câmbio real e as tarifas de concessões – para aumentar a competitividade das empresas e recuperar a atratividade dos investimentos privados. A superação dos desafios cambial e fiscal com responsabilidade social também requer o direcionamento do espaço fiscal do governo para a continuidade do processo de inclusão social, ampliando tal iniciativa para a oferta de serviços públicos universais de melhor qualidade, além das transferências de renda.

Aqui, retoricamente, Nelson Barbosa reconhece o problema fiscal, em uma mudança de discurso em relação ao artigo de 2010. Entretanto, há de se ponderar que, diante da trajetória explosiva da dívida pública (sem ajuste, caminhamos rapidamente para uma relação dívida/PIB superior a 80% – tal patamar, combinado com uma taxa de juro da ordem de 15% ao ano, adquire trajetória basicamente sem controle) e da postura altamente crítica do mercado a qualquer expansionismo fiscal, seria impossível apontar qualquer quadro diferente. O discurso denota baixa eloquência.

Ao mesmo tempo em que admite o desafio fiscal, Nelson Barbosa cobra continuidade dos programas sociais, das transferências de renda e dos serviços públicos, tendo o Estado como força-motriz do crescimento e desenvolvimento econômico. Propõe-se o primeiro ajuste fiscal sem que efetivamente se corte qualquer gasto estrutural do governo. Ou seja, ignora-se a maior dificuldade em torno do ajuste fiscal, que é enfrentar demandas difíceis e retirar benefícios particulares. Aqui reside o ponto nevrálgico da adversidade de processos de adequação das contas públicas. Retirar qualquer benefício de um grupo determinado impõe custos diretos e explícitos ao conjunto de subsidiados. Enquanto isso, os benefícios gerados para a sociedade como um todo são dispersos e pouco tangíveis. Ao retirar o subsídio, o Governo enfrenta uma rebelião e muito *lobby* do setor agora não mais beneficiado. Em paralelo, a sociedade como um todo, que não sente de maneira tangível e imediata os ganhos derivados do fim do subsídio, não se insurge em prol do término do incentivo. Há uma assimetria bem clara aqui e poucos governos estão dispostos a enfrentar rebeliões bem articuladas de grupos de interesses particulares.

A questão fica ainda mais problemática quando consideramos que os grupos de interesse a serem enfrentados na reforma fiscal e administrativa do Governo são justamente a base de apoio petista. Nelson Barbosa quer fazer um ajuste sem desagradar ninguém, preservar os gastos sociais e reiterar o Estado como mola propulsora do crescimento. A conta simplesmente não fecha.

> Voltando ao desafio fiscal dos próximos anos, como a população brasileira não deseja e a competitividade da economia não recomenda uma elevação da carga tributária, o próximo governo terá que recuperar o resultado primário gradualmente para algo entre 2% e 2,5% do PIB com estabilidade de sua receita primária no patamar atual. A superação desse desafio passa por várias iniciativas, cada uma com prioridades e áreas orçamentárias específicas. Antes de passar a estas iniciativas, vale a pena analisar a despesa primária do governo federal por uma ótica econômica, isto é, por uma ótica que classifica as despesas primárias de acordo com sua função econômica.

Esse trecho oferece uma combinação trágica. Primeiramente, o resultado primário exigido para estabilizar a dívida/PIB é superior aos 2% e 2,5% do PIB ventilado por Barbosa. Neste ponto já se percebe certa indisposição para se realizar o ajuste no tamanho exigido. A rigor, estaríamos hoje mais perto de 3,5% do PIB. Além disso, o trecho "Com estabilidade de sua receita primária no patamar atual" é especialmente problemático, pois a receita tributária tem despencado em velocidade superior inclusive às estimativas mais pessimistas. Por fim, há de se lembrar que o próprio Nelson Barbosa tem sistematicamente defendido metas de superávit primário muito mais modestas – ele defendeu abertamente um patamar inferior ao proposto pelo ex-ministro Joaquim Levy para 2015 e 2016, além de ter sido a favor da adoção de uma meta flexível. Novamente, nota-se uma disposição, retórica e platônica, em se realizar o ajuste fiscal. Entretanto, sem nenhum apelo material, tampouco disposição em se promover os cortes na profundidade necessária.

Considerando todos os números, a conclusão geral é que, nos últimos 12 anos, os governos do Partido dos Trabalhadores (PT) têm privilegiado a construção e ampliação do Estado do Bem-Estar Social no Brasil. Este movimento começou já em 2003, pelo aumento do gasto federal com transferências de renda, e se acelerou a partir de 2006, com o aumento do gasto federal com educação e saúde públicas. Olhando à frente, o desafio fiscal de 2015-2018 envolve ações tanto do lado do orçamento primário quanto do orçamento financeiro do governo federal, uma vez que o custo de carregamento dos créditos do governo junto às instituições financeiras oficiais também tem pressionado a dívida líquida do setor público para cima nos últimos anos. A política fiscal do próximo governo também deve dar continuidade ao processo de desenvolvimento social iniciado na última década, sobretudo na ampliação de serviços públicos de educação, saúde e segurança, bem como dos investimentos públicos em desenvolvimento urbano e inclusão digital.

Esse é possivelmente o parágrafo mais desastroso do artigo. O que era um suposto artigo acadêmico, publicado em revista científica, se transforma em propaganda partidária. Isso transmite um pouco da ideia de qual ministro da Fazenda estamos falando. O chefe da Economia, em vez de ocupar-se com questões de Estado, apropria-se de intenções em prol de um projeto de poder. Ademais, aqui fica clara sua predileção pela ampliação do Estado de Bem-Estar Social, com simpatia pela posição central do setor público nesse processo, em detrimento à opção mais liberal. Certamente, isso tem seu custo em termos de política fiscal.

Ao ler o artigo mais recente, portanto, vemos um Nelson Barbosa com discurso apenas marginalmente diferente daquele adotado em 2010. Em face à realidade, ele agora até reconhece a necessidade de se fazer um ajuste fiscal, mas sem a profundidade necessária e sem enfrentar questões fundamentais/estruturais. Continua presente o mesmo discurso em favor do caráter intocável dos programas sociais, dos direitos dos trabalhadores e de um Estado indutor do crescimento. Simplesmente não há como se fazer o necessário ajuste fiscal dessa forma. Daí decorre minha maior preocupação: a de que, após a saída do ministro Joaquim Levy, haja uma flexibilização da política fiscal, com uma caminhada em direção a medidas semelhantes àquelas adotadas quando da época da nova matriz econômica. É evidente que, com isso, não suponho a mesma intensidade, amplitude e publicidade da observada em 2010/11. Falo aqui de uma mudança na margem e do abandono de reformas estruturais, que pudessem fazer o Estado caber no PIB. A eventual confirmação desse cenário seria exatamente o que precisamos para acelerarmos em direção ao precipício.

Há de se observar, por exemplo, que, quando da posse de Nelson Barbosa como ministro da Fazenda, a presidente Dilma Rousseff admitiu, mesmo sem querer, mudanças na gestão da economia. Na ocasião, a presidente pediu a Barbosa fazer o necessário para retomar com urgência o crescimento do país, sem guinadas bruscas na condução da política econômica. Ora, se há necessidade de se adjetivar o termo guinada, acrescentando o vocábulo brusca, então entendo que haverá alguma guinada (não brusca).

E, evidentemente, não será uma mudança na direção certa (mais ortodoxia). Indo além, definir uma mudança como muito ou pouco brusca é algo de foro íntimo. Algo pode ser brusco para mim e não ser para você. Quem criou a nova matriz econômica provavelmente não imaginava as bruscas consequências que teria. Isso posto, emerge a natural pergunta: estaria alguém disposto a confiar no crivo pessoal da presidente sobre o quão brusca ou não é a guinada por vir?

Em resumo, com Nelson Barbosa à frente da Economia e sob forte pressão da base do governo em prol do abandono do ajuste fiscal, tenho forte receio de que haja uma guinada na política econômica, suficientemente brusca para alçar-nos a uma situação que combinaria vigorosa depreciação cambial adicional, inflação superior à contemplada pelas estimativas de consenso e dinâmica bastante preocupante da dívida pública.

Tenha essas três coisas na cabeça e nos investimentos

O parágrafo imediatamente anterior é de importância especial, pois fornece uma espécie de guia geral para montagem de um portfólio robusto, ou até mesmo antifrágil, de investimentos para 2016. De forma simples e direta, sob uma perspectiva *top-down* (do macro ao micro), tenho três coisas em mente para carteira anual: dólar, caixa (liquidez para aproveitar eventuais oportunidades; dívida torna sujeito ou empresa frágil) e proteção a inflação (*pricing power*). Em outras palavras, haverá deterioração adicional dos fundamentos da economia brasileira. Isso, em meu entendimento, será capturado pelos mercados sobretudo a partir de nova desvalorização cambial, inclinação da curva de juros e penalização a ativos muito sensíveis a capital (empresas endividadas, incorporadoras e imóveis, por exemplo).

Não me surpreenderia, portanto, em ver o dólar bater R$ 5,00 em algum momento de 2016. Então, veremos fatos anedóticos, como o Corinthians vendendo o *naming rights* de sua arena, você tendo dificuldade em acumular pontos em seu programa de milhagens (pontos são emitidos atrelados ao dólar), a Passarela do Álcool, lotada em Porto Seguro com a maioria evitando viajar para o exterior e indo para o Nordeste. Mas, surge uma espécie de contrapartida positiva do câmbio desvalorizado: os ativos brasileiros ficarão atrativos para o investidor estrangeiro. Isso, somado ao caráter bastante depreciado de algumas ações, fundamenta minha visão de que o ajuste acontecerá mais no câmbio e nos juros do que na Bolsa.

Com a moeda fraca (real), parece haver uma assimetria convidativa em várias ações com o Ibovespa negociando a 42 mil pontos – é relativamente fácil imaginarmos o índice a 52 mil pontos, e um pouco mais difícil contemplá-lo a 32 mil (apenas como exercício lúdico). Isso permite ao investidor assumir alguma exposição na Bolsa. Também aqui, porém, é fundamental a perseguição dos três elementos supracitados. Procure por empresas, preferencialmente, com exposição em dólar, sólida posição de caixa e capacidade de repassar pressões de custos. Uma carteira com Suzano (SUZB5), Ferbasa (FESA4), Guararapes (GUAR4), Itaúsa (ITSA4), Grendene (GRND3) e Cielo (CIEL3), por exemplo, parece apropriada para superar os índices de referência.

Na renda fixa (falaremos mais sobre isso abaixo), há uma grande preocupação de que os retornos sejam corroídos pela inflação e de que a falta de clareza quanto à sustentabilidade fiscal possa prejudicar aplicações cujo vencimento está no longo prazo. Assim, a predileção está nos títulos atrelados à inflação, de prazos mais curtos.

Uma novidade positiva para os assinantes

Com grande satisfação, informo aos assinantes que, a partir desta edição, Marília Fontes passará a contribuir com *A palavra do estrategista*. Ela oferece uma complementaridade importante. Originalmente, eu sou um *equity guy*, alguém com vocação e histórico no mercado de ações. Também trabalhei com gestão de fundos multimercados e na área de *sales* de derivativos para mercados emergentes de um banco estrangeiro. Na esfera acadêmica, tenho um mestrado em câmbio. Entretanto, me falta uma experiência mais próxima e direta com renda fixa. Sempre me ressenti disso. Com a vinda da Marília, preenchemos uma lacuna fundamental. Se o Brasil é o campeão mundial de juros, precisamos de atenção especial à renda fixa. Ela chega justamente com esse intuito. Estamos muito felizes com sua chegada, que certamente agregará muito valor para os assinantes.

Marília é formada em Economia pelo Insper, tendo trabalhado por sete anos em *asset managements* altamente conceituados, como Itaú, Mauá e Kondor, fazendo gestão de renda fixa em portfólios de R$ 850 milhões a R$ 2 bilhões, para fundos multimercados, locais e internacionais, e fundos indexados ao IMA-B. O texto a seguir é sua primeira contribuição. Ela apresenta um portfólio recomendado de renda fixa para o ano – tradicionalmente, esse tipo de sugestão, que considero fundamental, é feita pelos *private bankers*, restrita a clientes de alta renda. Estou muito contente em poder oferecer esse tipo de informação a um público mais abrangente, sem distinção. Talvez ainda mais importante: com qualidade superior.

Agora, vamos ao que interessa e deixemos que ela mesmo fale.

Prosperidade para 2016!
Por Marília Fontes, Assistente de Análise

Ano novo, vida nova. Todos nós carregamos desejos de que algumas coisas mudem no próximo ano, e esperanças de que nós mesmos sejamos melhores. Entre promessas de comer menos e poupar mais, começamos todos a nos planejar para 2016. Agora, se nós já temos muitos pecados para nos redimir, imagina o montante de pulinhos nas ondas e pedidos pra Iemanjá que terá que fazer a nossa querida presidente Dilma Rousseff...

Tivemos em 2015 o pior Natal dos últimos 10 anos, segundo a Associação Brasileira de Lojistas. O relatório Focus do Banco Central continua mostrando deterioração nas projeções, com a mediana das expectativas de crescimento do PIB para 2016 indo de -2,81%, na semana anterior, para -2,95%. Em paralelo, as expectativas de inflação também não param de subir – para o ano de 2016, indo de 6,70% para 6,87%, também na mediana, e para 7,05% para os "Top5" (cinco analistas que mais acertam as projeções). Mas, igual a todos nós quando tudo dá errado, o governo também decidiu promover mudanças. Para 2016, teremos um novo Ministro da Fazenda, o senhor Nelson Barbosa (ex-ministro do Planejamento). Conforme já devidamente apresentado, Nelson é conhecido por ser um "desenvolvimentista", que, em outras palavras, significa perseguir a todo custo o crescimento. Mas isso seria ruim? Sim, se você prestar atenção no "a todo custo". Ele foi o maior opositor de Joaquim Levy dentro do governo, responsável por apresentar o famoso orçamento de 2016 com um rombo de 30 bilhões, e famoso também por carregar uma leve inimizade com o nosso presidente do Banco Central Alexandre Tombini por criticar duramente o aumento de juros. Como seria de se esperar, suas primeiras medidas na Fazenda, seguiram a linha expansionista. Relembrando:

1. reajuste do salário mínimo acima da LDO: impacto negativo extra nas contas da ordem de R$ 3 bilhões;
2. mudança do indexador da dívida dos estados e municípios com a União: impacto também em torno de R$ 3 bilhões;
3. aumento da fatia do Finame pelo BNDES (aumentando linhas de crédito subsidiadas para investimento em capital e agrícolas, logo após ter "acabado" com o PSI que fazia a mesma coisa): impacto aparecerá conforme os créditos forem liberados, mas é da ordem de bilhões.

Estas atitudes não nos parecem consistentes com um governo que prima pelo ajuste fiscal, certo? Então, para 2016, infelizmente, temos indícios de que a gastança e a falta de comprometimento com a estabilidade fiscal e monetária irá, em linhas gerais, perdurar. Esta percepção é reforçada pelo fato de que teremos eleições municipais. E isso, meus caros, infelizmente significa juros de longo prazo altos (aumento do prêmio de risco) e inflação. Portanto, quando pensarmos em renda fixa para o ano que vem, neste cenário de descontrole, temos que pensar em PROTEÇÃO! O mercado oscila entre medo e ganância. Agora, ainda estamos no modo MEDO. O risco de uma guinada maior para a esquerda com essa nova equipe econômica é maior, por todos esses motivos que já elencamos e, portanto, devemos nos proteger. Como fazemos isso? Ao pensarmos em um portfólio de renda fixa para 2016 devemos ter duas constatações em mente:

- Esta equipe econômica é pouco inclinada a executar políticas contracionistas, e fará uma pressão muito grande, como já tem feito, para barrar o aumento de juros ou fazer com que ele seja menor do que o necessário. Membros do governo já vazaram na mídia que vão trabalhar para que a meta de inflação seja elevada de 4,5% para 5,5%. A ideia é que com isso o Banco Central não tenha que subir os juros. O mercado já precifica e reflete em seus preços uma expectativa de que o ciclo de alta começará novamente na próxima reunião do dia 20 de janeiro e será de aproximadamente 2,5 pontos percentuais no total, levando a Selic de 14,25% para 16,75% ao ano. Dada toda a pressão a qual o BC está submetido, e dado que inflacionar a economia é, de fato, uma saída para a crise fiscal, acredito que o risco está mais para o lado do ciclo ser menor do que o mercado espera e, portanto, como as altas estão nos prazos mais curtos da curva, aplicar em uma taxa pré-fixada até julho de 2017 poderá

ser mais eficiente do que aplicar simplesmente no CDI.
- Tanto o descontrole fiscal quanto a incapacidade do BC em ancorar as expectativas provocam – e vão continuar provocando – aumento dos prêmios de risco nos vértices mais longos da curva de juros. Então, quando pensamos em proteção, temos também que encurtar os prazos da nossa carteira como um todo. Os vértices curtos seguem mais ou menos a Selic que seria o "juiz final"; os mais longos ficam sem referência além de serem menos líquidos.
- Temos que nos proteger dessa má gestão! E isso significa investir em títulos indexados a inflação. Esses títulos, além de devolverem a inflação em um cenário de descontrole, têm um componente pré-fixado que garante um juro real alto e fixo se o Banco Central entrar em um ciclo de queda nos juros posteriormente por conta da atividade econômica.

Então, nossa carteira para 2016 ficaria da seguinte forma:

Papel	Tipo	% do Portfólio
LFT	pós-fixado	15%
LTN 07/2017	pré-fixado	40%
NTN-B 2019	indexado ao IPCA	45%

Fonte: Empiricus Research.

Capítulo 10

De olhos bem fechados

Permita-me, pontualmente, o papel de advogado do diabo que, neste caso, tem contornos divinos. E se nossos metafóricos dez anos de recessão não se confirmarem? Talvez as repercussões se desenrolem de forma diferente desta vez. Quem sabe, escapamos da crise e retomamos a trajetória de prosperidade! *Wishful thinking* – embora seja uma hipótese factível (a rigor, muitas coisas na vida são factíveis), sua materialização parece remota sob os critérios do realismo histórico.

Dentre meus dez livros preferidos de economia, está o brilhante *This time is different* – (*Oito Séculos de Delírios Financeiros – Desta Vez É Diferente*) – que narra o enredo de oito séculos de bagunças financeiras ocorridas em 66 nações. A visão sóbria *a posteriori* permite que os autores Carmen Reinhart e Kenneth Rogoff detectem claras similaridades entre episódios críticos emblemáticos, distanciados pelo tempo e pelo espaço.

Curiosamente, há um elemento presente em todas as tragédias econômicas do último milênio: o endividamento massivo. Por ter a capacidade de se transformar em vários outros problemas, a dívida crônica dá nome a uma série de diagnósticos econômicos aparentemente diversos. Termos como hiperinflação, maxidesvalorização cambial, quebra do balanço de pagamentos, especulação imobiliária e bolha pontocom enriquecem a crescente enciclopédia de crises financeiras. No fim das contas, essa enorme enciclopédia poderia ser sintetizada em uma prática edição de bolso, cujas páginas se resumem a tomar crédito fácil com base em expectativas fantásticas. Bastaria, então, andarmos com esse livreto para cima e para baixo, consultando-o sempre que alguém nos oferecesse um empréstimo sob condições de pagamento superfacilitadas, sem questionar como usaríamos o dinheiro.

Mas nossos bolsos estão furados. Não só esquecemos rapidamente de oito séculos repletos de dramas, como nos esforçamos para enxergar apenas o lado agradável da história. Alunos dedicados se formam bacharéis em Ciência Econômica e carregam consigo a ilusão de aprendizado com base em crises passadas. Afinal, Ben Bernanke dedicou sua vida acadêmica ao estudo da Grande Depressão de 1929, não é mesmo?

Em 1929, tivemos muito mais do que a famigerada quebra da Bolsa de Nova York. Em termos gerais, os formuladores de política dos EUA escolheram salvar o dólar às custas da atividade econômica. Não deu certo. Em 2009, Bernanke se viu na mesma encruzilhada histórica e, ciente do fracasso anterior, foi pela outra trajetória, sacrificando o dólar para salvar o nível de emprego. Tudo indica, entretanto, que os dois caminhos levam a um mesmo destino: endividamento massivo, sem o crescimento demandado para quitar a fatura. O caminho de 1929 era relativamente curto; enquanto o de 2009 é bem mais longo e fatigante.

Afinal, quem é o bode da vez?

Podemos eleger o presidente do Fed como o principal culpado pela próxima crise, assim como fizemos oitenta anos atrás. Mas, se quisermos, de fato, alcançar algum tipo de aprendizado histórico, de pouco adiantará atribuir culpas a animais, indivíduos ou instituições específicas. A verdadeira culpa está provavelmente em nossos cérebros pacificadores de *homo sapiens*, com demandas evolutivas que prezam pela estabilidade e se deixam contagiar por de contos de fadas. Desta vez não será diferente. A princesa que fura o dedo na roca de fiar foi declarada culpada por transgedir os limites da curiosidade. Viva a princesa!

Só queríamos um pouco de paz

Há dois tipos de pessoas no mundo: as que vivem com as costas na parede e as que chutam a parede. Essas últimas são as que o escritor *beatnik* Jack Kerouac chamava de *mad ones* – suficientemente loucas para desfrutarem da volatilidade.

> Eu só confio nas pessoas loucas, aquelas que são loucas pra viver, loucas para falar, loucas para serem salvas, desejosas de tudo ao mesmo tempo, que nunca bocejam ou dizem uma coisa corriqueira.

Não sou tão poético quanto Kerouac, mas preciso também confiar nessas pessoas malucas, pelo bem da economia mundial. Ao desejarem um pouco de guerra, por vias oblíquas, elas conquistam muita paz. Louco – segundo os padrões atuais – pode ser o jovem que quer começar um negócio do zero, em vez de entrar em um plano de carreira ou estudar para o concurso de funcionário público; isso a despeito de ter amplas chances de subir na empresa ou passar no concurso, e apenas uma pequena chance de triunfar como empreendedor. O que motivaria esse jovem, além do espírito animal tão bem catalogado por Keynes? Em termos estritamente financeiros, ele está trocando a alta possibilidade de ganhar um salário mediano pelo resto da vida pela baixa possibilidade de se tornar um empresário milionário (ou mesmo bilionário) dentro de cinco ou dez anos.

Uma grande chance de 80% multiplicada por uma remuneração de R$ 1,5 milhão em uma década resulta em um valor esperado de R$ 1,2 milhão. Uma pequena chance de 20% multiplicada por uma remuneração de R$ 15 milhões em uma década resulta em outro valor esperado, de R$ 3,0 milhões. A supremacia dos R$ 3,0 milhões sobre o R$ 1,2 milhão obviamente privilegia a tomada de risco. Mesmo assim, a maioria das pessoas considera absurda a hipótese de começar do zero. É simplesmente muito arriscado.

Surge aí uma perigosa falácia da composição, típica das verdades que valem apenas em nível micro e, portanto, nunca podem ser generalizadas. Se não houver alguém para tomar o risco de abrir um negócio, não existirão planos de carreira, tampouco o dinheiro de impostos necessário para pagar os salários do funcionalismo público. Sem a engrenagem das pessoas loucas, a máquina sóbria para de funcionar.

Nem por isso vamos sair por aí educando empreendedores à força, destinados a salvar o futuro da economia global. Não é assim que funciona. Na prática, dependemos do que o pensador austríaco Joseph Schumpeter chamava de "destruição criadora". De vez em quando, a economia depende de rupturas significativas para se reconstruir, da mesma forma que um músculo só cresce quando suas fibras são parcialmente rompidas e, então, são regeneradas. Ao longo dos séculos, fabricantes de pianos dão lugar a fabricantes de rádios, cujos bisnetos escutam música no celular.

Depois de concluído um ciclo de transformação, o ganho é imenso. Alguns jogadores desaparecerão e outros triunfarão, mas a mão invisível não está preocupada com o destino de cada indivíduo; ela está interessada na evolução do todo. Só existe evolução com volatilidade. As coisas precisam se mexer para melhorarem. De outra forma, ficaríamos estancados em um estado no qual ninguém sofre nada – e, por conseguinte, todos sofreríamos muito mais. Mas não é assim que pensam os principais formuladores de política econômica, tanto na esfera monetária quanto no lado fiscal. Também não é assim que pensam os governantes ao prometerem estabilidade de emprego aos seus eleitores.

A todo custo, tentamos evitar que a próxima destruição venha à tona. Reduzimos as taxas de juros, emitimos toneladas de moeda, contraímos dívidas enormes e toleramos déficits públicos para financiar programas sociais que garantam o bem-estar da população. Até que um mal-estar absoluto se instale pelo estouro de bolhas de preços, normalmente acompanhado do calote a empréstimos em cadeia. Ironicamente, quanto mais nos esforçamos para suprimir artificialmente a volatilidade, mais ela cobra sua conta. Assim, as grandes moderações se convertem em grandes depressões.

Logo às vésperas dessas viradas traumáticas, estão todos tranquilos, esperando mais do mesmo, convictos de que finalmente conseguimos domar o caos com fórmulas que perpetuam a ordem. Se essa é exatamente a mesma história contada várias e várias vezes, durante oito séculos, em mais de 60 nações, por que não somos capazes de deduzi-la antecipadamente, impedindo que aconteça de novo? Afinal, se a raiz do problema está mesmo no medo de cair, faria sentido trocar o risco de alguns tropeções, ano a ano, pelo despencar de um desfiladeiro a cada cinco ou dez anos? Não faz sentido algum, mas não fomos sequer programados para tecer esse tipo de comparação científica ou epistemológica. As comparações que encaramos habitualmente são de outro tipo, essencialmente narrativo.

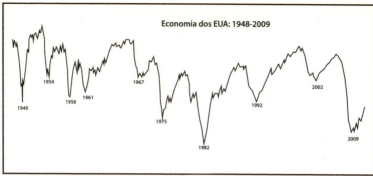

Fonte: Estatísticas do Governo dos EUA.

Gostamos de contar belas histórias para nós mesmos; histórias que não só terminem em final feliz, mas que perdurem sob felicidade eterna.

Isso é tudo o que importa

Se você aprecia uma história verossímil, permita que eu conte como funciona o cérebro humano, conforme modelo proposto por Daniel Kahneman – Prêmio Nobel em 2002, por suas contribuições à Economia Comportamental. Na época, Kahneman ficou famoso como "o psicólogo que ganhou o Nobel de Economia". Hoje as pessoas já entendem melhor que as bases da teoria econômica só se sustentam sobre um rigoroso alicerce psicológico. O lado bom dessa multidisciplinaridade é que o modelo de Kahneman não serve apenas para o cérebro utópico do *Homo economicus*, mas sim para qualquer cérebro de *Homo sapiens*. Por isso sua aplicabilidade em diversos contextos, inclusive na análise da formação de crises financeiras.

Segundo Kahneman, podemos segmentar nosso cérebro em dois pedaços díspares, chamados categoricamente de **sistema 1** e **sistema 2**. É claro que essa divisão é meramente didática: não há uma clivagem formal desse tipo, assim como não existe a imagem-clichê de lado esquerdo versus lado direito do cérebro. Mas, assim, fica mais fácil de entendermos.

O **sistema 1** é responsável por decisões rápidas e bastante ligadas a requisitos evolutivos. Ele permite que você atravesse a rua sem precisar calcular exatamente a distância até a próxima calçada, a velocidade do ônibus que se aproxima ou o risco de tropeçar num dia chuvoso. Se precisássemos fazer toda essa matemática a cada vez que atravessamos uma rua ou fugimos de um predador nas savanas africanas, já estaríamos extintos como espécie.

Em compensação, o **sistema 2** cuida de raciocínios lentos, engatilhados deliberadamente e verificados passo a passo, respeitando critérios lógicos. Podemos atravessar a rua sem pestanejar, mas nunca teríamos aterrissado na Lua sem a ajuda de algoritmos. A autocrítica, tão fundamental ao aprendizado, é uma característica do **sistema 2**. Com essa função sempre ativa, evitaríamos incorrer nos mesmos erros econômicos – não tentaríamos pagar dívida com mais dívida, por exemplo. O problema é que o **sistema 2** não está sempre ativo. Ao contrário: por demandar muita energia e esforço, ele fica em *stand-by* até que seja acionado diretamente pelo **sistema 1**, ou perceba algum absurdo ameaçador cometido pelo **sistema 1**.

Quem dirige seu carro no caminho até o trabalho é **sistema 1**. O **sistema 2** só entra em cena caso manifestantes contra o ajuste fiscal estejam obstruindo o acesso à rua do seu escritório, exigindo o cálculo de itinerários alternativos. Se nada de diferente acontece – e o caminho até o trabalho está livre – você sequer lembrará de como mudou as marchas às 7h20 da manhã, ou se acabou passando em algum sinal amarelo. O **sistema 1** deu conta de tudo para você, economizando um excedente de energia que será útil durante as 8 horas de trabalho em que você estará (idealmente) empregando seu **sistema 2** para bater as metas de vendas da empresa.

Agora imagine que você faça exatamente o mesmo caminho por meses, e depois anos a fio. A mesma praça, o mesmo banco. As mesmas flores, o mesmo jardim. A cada dia que passa, essa trajetória se torna mais e mais fácil, uma verdadeira mamata para seu rápido **sistema 1**; até o ponto em que você poderia aposentar o **sistema 2** e percorrer o itinerário de olhos fechados. A repetição de uma experiência estável por períodos prolongados gera satisfação, conforto e culmina invariavelmente em acomodação. Você se sente como se pudesse fazer aquilo de olhos fechados. Mas, a rigor, dirigir de olhos fechados é uma péssima ideia, por mais que você conheça o caminho de trás para frente.

Caímos facilmente nessa acomodação pois ficamos viciados em situações-clichê, 100% previsíveis até que se tornem 0% previsíveis. Um ambiente estável – seja no caminho para o trabalho ou na condução da política monetária – congela o leque de eventos possíveis e prováveis. Não conseguimos enxergar nada de diferente ou anormal. Aí entra Daniel Kahneman de novo, cunhando a sigla WYSIATI: *what you see is all there is*. Ou, numa tradução quase literal, aquilo que você vê é tudo o que importa. Dominado pelo **sistema 1,** nosso cérebro monta a melhor história possível com base nas informações disponíveis, mesmo que, do ponto de vista lógico, essa história leve a conclusões inconsistentes e incompletas. Então, pegamos férias do trabalho, alugamos um carro e somos obrigados a encarar um mapa impresso do Guia Quatro Rodas para chegar a uma praia paradisíaca sem sinal de internet. Estamos despreparados e, portanto, perdidos no meio do nada. É o que acontece toda vez que os formuladores de política econômica acreditam ter o poder de fabricar um contexto de "Grande Moderação" – crescimento estável do PIB com inflação eternamente controlada. Sempre que encontrar uma definição desse tipo nas manchetes dos jornais, esteja certo de que vem uma crise por aí, é só questão de tempo.

Em oposição à destruição criadora de Schumpeter, as "Grandes Moderações" são típicos exemplos de criações destruidoras. Quando o WYSIATI assume o volante do carro, não nos preocupamos mais com o grau de confiança ou com a validade lógica da história; nosso único interesse, a partir deste momento, é na verossimilhança do enredo. De que forma ele se adequa às nossas próprias concepções de mundo e aos estereótipos produzidos pela sociedade em que vivemos?

Imagine que eu lhe apresente cinco descrições de candidatos para uma nova vaga na equipe de análise da Empiricus:

1) Clara é formada em administração de empresas, defende o direito a aborto e faz trabalho voluntário em uma ONG de proteção a animais silvestres.

2) João é matemático, hábil na programação de VBA e, nas horas vagas, dedica conversas de bar a críticas contra a intervenção do governo na economia.

3) Pietra sempre foi muito estudiosa, formou-se em Jornalismo na faculdade e está prestes a concluir um doutorado em Semiótica.

4) Tadeu é bacharel em Ciências Sociais e seguiu carreira como funcionário público em um banco estatal, mas agora quer tentar uma experiência no setor privado.

5) Júlio é analista de ações em um grande banco estrangeiro; está insatisfeito com o prospecto de bônus menores neste e nos próximos anos.

Qual desses candidatos teria maior chance de ser contratado? Sob critérios estritamente racionais, não existem informações suficientes para eleger um dos cinco nomes como favorito absoluto. No entanto, quando fizemos essa mesma pergunta a leitores de nossas *newsletters*, o candidato João ganhou disparado, com 57% de todas as respostas. No imaginário de nossos leitores, a descrição de João está vinculada ao perfil da equipe de análise da Empiricus, embora pouco tenha a ver com os analistas que efetivamente contratamos. Aquilo que você vê é tudo o que importa.

Um outro exercício – pensado por Kahneman e por seu colega de pesquisa Amos Tversky – revela resultados ainda mais impressionantes.

Você é apresentado a Linda, uma mulher de 31 anos, solteira, extrovertida e intelectualmente brilhante. Ela se formou em Filosofia. Na época de estudante, Linda esteve profundamente envolvida com causas de discriminação e injustiça social, e também participou de protestos contra o uso de energia nuclear. Qual das alternativas abaixo é mais provável?

A) Linda é uma gerente bancária.
B) Linda é uma gerente bancária com participação ativa no movimento feminista.

A maioria dos consultados seleciona a alternativa B, a despeito de ela ser inerentemente menos provável do que a alternativa A. Por quê? A probabilidade de dois eventos ocorrendo simultaneamente sempre será igual ou menor do que a probabilidade de apenas um desses eventos ocorrer. Em qualquer situação possível, ser gerente bancária é mais provável do que ser gerente bancária e mais alguma coisa. Se nos deixamos enganar por exercícios de livro-texto com descrições estereotipadas, o que dizer de realidades estereotipadas que se repetem quase *ad infinitum*? A "Grande Moderação" é uma história desejável e verossímil. Queremos acreditar nela.

Moderadamente quebrados

O que seria melhor do que uma economia com crescimento estável e inflação praticamente zerada? Poderíamos pilotá-la de olhos bem fechados. Esta é a utopia dos macroeconomistas, indignados que são com os ciclos que, de tempos em tempos, ameaçam roubar a riqueza que conquistamos com muito suor e trabalho. Veja que não estamos colocando em questão a nobre ambição por crescimento econômico associado a um baixo perfil inflacionário. Ambos são objetivos formidáveis. Tão formidáveis que, na ânsia de tê-los, acabamos por distanciá-los de nossas mãos. Não são os ciclos que ameaçam a riqueza conquistada, mas sim a obsessão das Fazendas e dos bancos centrais por tentar suavizá-los.

Todas as "Grandes Moderações" representam uma mesma coisa, iludida pelo *This time is different*, de Reinhart e Rogoff. O último desses episódios, predominante de 1983 a 2007, veio em resposta a uma fase anterior nomeada como a "Grande Inflação" (1965-1982). E foi sucedido por uma fase posterior hoje reconhecida como a "Grande Recessão" (2007-20??).

Ao definirmos o longo prazo econômico como uma sucessão de ciclos, assimilamos quase que naturalmente a sucessão histórica entre fases positivas e negativas. Haveria uma causalidade entre elas? Via de regra, trata-se de uma relação endógena, tal como a dos ovos e das galinhas. Mas essa alternância não é assim tão trivial, tampouco simétrica.

Digerimos bem – e esperançosamente – a noção de que o fundo do poço de uma crise financeira gera inúmeras oportunidades de lucro, que nos emergem de volta à bonança. Mas e o contrário? Você é capaz de assimilar, com a mesma ponderação, que a comédia ensaiada ao limite é a criadora da tragédia?

Enquanto vivemos cada momento positivo, o WYSIATI toma as rédeas e acreditamos que aquele momento é de fato eterno, sem efeitos colaterais posteriores. Se o que vemos é maravilhoso e aquilo que vemos é tudo o que importa, somos estimulados a tomar riscos. Quanto mais a economia nos devolve sinais de pujança, maior nossa propensão a fazer investimentos arriscados.

Na crise do *subprime* americano, o acesso livre a financiamentos gerou uma demanda impulsiva pelo primeiro imóvel que, uma vez valorizado, abria um leque de financiamentos para o segundo imóvel – e assim por diante. Quanto mais as propriedades se apreciavam, maior a sensação de riqueza e mais fácil a aprovação de novos empréstimos. A melhora patente do setor imobiliário – corroborada de mil e uma formas pelo **sistema 1** – só alimentava sua piora latente. Ninguém se dava ao trabalho de perguntar se o entregador de pizza em regime de trabalho temporário conseguiria arcar com a hipoteca de uma casa de 400 mil dólares.

O mesmo aconteceu antes do estouro da bolha pontocom, em 2001. Pequenas empresas de tecnologia com *powerpoints* excitantes – mas sem receitas e sem lucros – abriam o capital na Nasdaq em meio ao frenesi da nova economia tecnológica. A disparada das ações tomava capas dos jornais e incentivava outros jovens do Vale do Silício a venderem seu peixe pelo mesmo caminho, e outros investidores a comprarem esse peixe gourmetizado a qualquer preço. E como o mercado financeiro encarou essas vésperas de crise? Aproveitando cada oportunidade para se alavancar e multiplicar os bônus distribuídos. A ordem era tirar o máximo da euforia até que a coisa toda explodisse, sabe-se lá quando.

A gestão de risco que impera em Wall Street ou na Faria Lima é referenciada – direta ou implicitamente – na lógica dos modelos de *Value at Risk* (VaR). Grosso modo, esses modelos funcionam conforme *feedbacks* dados continuamente pela volatilidade do mercado. Se a volatilidade é alta, a fórmula do VaR recomenda trabalhar com provisões maiores. Caso contrário, em situações de baixa volatilidade, as instituições financeiras se sentem convidadas (e até mesmo obrigadas) a reduzir o provisionamento e empregar dívida para alcançar lucros extraordinários. Na medida em que a volatilidade vai sendo suprimida da economia e do mercado financeiro, a mentalidade VaR estimula mais tomada de risco que, por sua vez, faz tudo parecer ainda mais coerente e comportado. Essa retroalimentação pode durar muitos anos, e só costuma cessar mediante colapsos do sistema.

Em tese, os presidentes dos bancos centrais deveriam ter plena ciência dessas tragicomédias, mas eles também são Homo sapiens cegados pelo WYSIATI. O problema é que, enquanto trilham o caminho para o trabalho de olhos vendados, os banqueiros centrais levam consigo milhões de pessoas de carona.

Alan Greenspan, Homo Sapiens e presidente do Banco Central dos EUA de 1987 a 2006.

Alan Greenspan pode ser considerado a própria personificação da "Grande Moderação". Presidente do Fed de 1987 a 2006, ele foi tratado como um deus no período em que "controlou na mão" a volatilidade da economia americana – e, por tabela, da economia global.

Se um formulador de política monetária foi mesmo tratado como um deus, a heresia é também dos súditos que idolatraram a estátua. Essa estátua simbolizava a maturidade da teoria macroeconômica que, depois de tantos erros, enfim conseguia calcular precisamente qual taxa de juros seria capaz de garantir a felicidade eterna. Greenspan contou a melhor história possível com base nas informações disponíveis desde 1985, e foi aglutinando a coesão de seu roteiro a cada novo ano paradisíaco. Quebra do Bear Stearns? Quebra da Lehman Brothers? Quem seria louco de procurar pêlos num ovo que parava de pé sozinho?

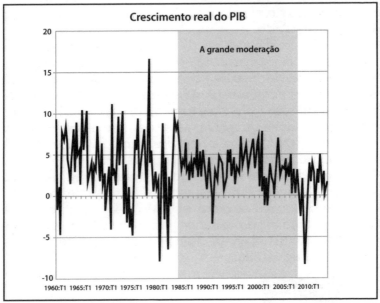

Fonte: Bureau of Economic Analysis, Haver.

Mas alguma coisa deu errado logo depois que Greenspan concluiu seu mandato de duas décadas. O período de menor volatilidade da história para o PIB e para a inflação americanas transformou-se também no agente causador da maior quebra econômica desde 1929. Os deuses haviam enlouquecido. Ou, nas palavras do Mestre Oogway, no filme Kung Fu Panda (uma tartaruga milenar muito sábia): "Um homem frequentemente encontra seu destino no caminho que pegou para escapar dele".

Sejamos justos com Alan Greenspan. Dotado da sobriedade analítica dos *post mortem*, ele mesmo se declarou culpado (mais detalhes sobre essa confissão no Capítulo 5).

E hoje figura entre as vozes mais críticas do comportamento permissivo dos bancos centrais mundiais. Não é o bastante para apagar o passado; ainda assim, é melhor do que ganhar a vida dando palestras como o grande salvador da crise do subprime.

Ben Bernanke, Homo Sapiens e presidente do Banco Central dos EUA de 2006 a 2014.

Ben Bernanke poderia ter aprendido com a lição de humildade de seu predecessor. Afinal, foi ele quem pegou a batata quente deixada por Greenspan, sob a responsabilidade de esfriá-la. Em vez disso, preferiu passar a batata para frente, sob temperaturas ainda maiores. Bernanke optou por adotar a mesma política acomodatícia que provocou a última crise, mantendo os juros americanos ao nível de 0% por um tempo "suficientemente longo". Na verdade, tão longo que começou em 2009 e ainda não acabou. E tão suficiente que todos os países desenvolvidos foram obrigados a reproduzir a mamata do Fed.

Nesse ínterim, nossas sinapses ficaram absolutamente viciadas em juros nulos. Nos últimos anos, investidores passaram a agir como se os estímulos monetários fossem durar para sempre, porque simplesmente não dá para imaginar o mundo atual com restrições de crédito. Surgiram dívidas – estatais e privadas – exorbitantes, que só podem ser quitadas a um custo financeiro de 0% ao ano. Se o **sistema 1** é capaz de formar uma impressão perene de uma nova pessoa em questão de segundos após a conhecermos, o que acontece quando somos apresentados dia a dia, ao longo de oito anos consecutivos, a uma taxa de juros de 0%, toda sorridente? Não há como aceitar uma realidade alternativa, mesmo diante de claras evidências em contrário.

A atual presidente do Fed, Janet Yellen, tem se esforçado para mostrar ao mercado que aquilo que vemos hoje não equivale àquilo que veremos amanhã. De pouco adianta. Embora o desemprego nos EUA venha caindo e as Bolsas tenham renovado recordes históricos, ainda falta o sentimento de missão cumprida, e sempre faltará. Se o time está ganhando, não tem por que mexer na escalação. Bernanke nos colocou em uma armadilha quentinha e fofinha, da qual não queremos escapar. Quem quiser escapar terá que pular em um balde de água fria.

Metáforas termodinâmicas à parte, é no mínimo desconfortável o sentimento das pessoas que notam o absurdo da bonança corrente. Se o **sistema 1** é aquele cara legal que estimula todo mundo a continuar na festa, o **sistema 2** – passada a meia-noite – começa a adiantar os efeitos da ressaca de amanhã.

Com a devida licença autoral de Kahneman, poderíamos caracterizar o **sistema 1** como o investidor que ganha muita grana nos momentos de euforia do mercado, e perde absolutamente tudo com o imprevisível choque de realidade. Sua ressaca é matadora, pois ele tomou onze doses de tequila na noite anterior. Já o **sistema 2** não ganha nenhum dinheiro na euforia ou até mesmo perde, por fazer apostas defensivas que custam caro enquanto tudo está subindo. Em compensação, o choque de realidade torna-o milionário para sempre. No dia seguinte ao colapso, ele poderá – quem sabe – comemorar abrindo um bom vinho e dormindo tranquilo.

Naquelas ocasiões em que a atitude contrária é psicologicamente incômoda e custa caro, os corajosos do **sistema 2** dependem de uma recompensa gigantesca para seguir em frente com sua saudável teimosia. Toda destruição criadora precisa ser bastante lucrativa para os sobreviventes. Contudo, não há como esses sobreviventes conhecerem o tamanho da recompensa *a priori*. Alguns ficam sem combustível, outros desistem no meio do caminho. Aqueles que persistem, o fazem não apenas com base nos lucros esperados, mas principalmente por terem perdido a crença em determinado mito.

A roupa velha do rei

Sim, o Fed está pelado. Tal como o alerta no conto moral de Christian Andersen, o discurso bem vestido do rei se opõe à nua realidade dos fatos. Janet Yellen se esforça para preservar a versão de Bernanke de que os juros mínimos são normais no pós-crise, mas mesmo uma criança seria capaz de perceber a anormalidade da última parte deste gráfico.

Fonte: Bloomberg 15/4/2015.

Por mais que o Banco Central americano tenha promovido – por vontade ou necessidade – diversos ciclos de afrouxamento monetário nos últimos 60 anos, nenhum dos episódios anteriores colocou a *Fed Funds Rate* em nível tão baixo, e por tanto tempo. Para termos uma base de comparação, a taxa média de juros desde 1955 – mesmo deprimida pelo peso do 0% recente – gira em torno de 5%. É claro que os desvios em relação a essa média são importantes, mas não se comparam à situação atual.

Nos únicos dois outros casos potencialmente análogos (bolha pontocom em 2002 e depressões dos anos 1950), note que a queda vertiginosa nos juros foi quase que imediatamente seguida por uma proporcional elevação, marcando o formato de um "V", bem diferente do "L" traçado desde 2007. O que hoje é encarado como normal pelo mercado e pelos fãs de Ben Bernanke assume contornos completamente absurdos face ao comportamento histórico da política monetária nos EUA.

Originalmente, a "exceção" do 0% se apoiou justamente em seu caráter urgente e fugaz. Bernanke receitou uma injeção pontual e cavalar para um paciente à beira da morte. O paciente não morreu, mas não melhorou a ponto de confiarmos sua sobrevivência a um tratamento sem injeção. Essa dependência em relação ao medicamento fez com que ambos os pretextos de Bernanke – urgência e fugacidade – fossem substituídos pela perenidade. Juros nominais de 0% não só se tornaram aceitáveis, mas ditaram inclusive uma nova escala de valores tolerados, que permite inclusive juros negativos na Europa.

Não há mais limites discricionários para o tempo ou para a intensidade do ciclo de afrouxamento. Mas precisamos de algum limite. Quando a discricionariedade perde a mão, outras restrições mais drásticas entram em cena, educando via punições.

Quase oito anos de juros nulos serão punidos endogenamente, pois causaram uma explosão no uso de endividamento, junto a bolhas temerárias nos preços de ativos de risco. Quanto maior a insistência no erro, maior a punição. Ao mesmo tempo, quanto maior a insistência no erro, mais ele se parece com um acerto para a maioria da plateia. É a mentira contada repetidas vezes para cérebros viciados no WYSIATI.

Imagine-se como um pedestre interessado em atravessar uma avenida de grande fluxo. Você vem andando vagarosamente e, três quadras antes, avista o sinal verde para atravessar. Dezenas de carros estão parados no trânsito, à espera da troca do sinal. A reação imediata é a de apertar o passo para aproveitar o momento. Se o sinal fechar antes da travessia, você perderá uns bons cinco minutos de sua existência à espera da próxima luz verde. Você pede licença às demais pessoas que não perceberam a oportunidade incrível à frente e começa a andar num ritmo acelerado. Ao fim da primeira quadra, olha de novo para o sinal e lá está ele, verdinho, esperando por você. Por quanto tempo? O andar acelerado vira um *jogging*, que logo se transforma em trote. Nesta transição, você percebe que está sedentário, mas isso não é hora para autoflagelação moral. Você precisa correr, correr, correr. Só faltam duas quadras agora. O suor e o cansaço tomam conta do seu corpo, mas nada poderá fazê-lo desistir. Ou quase nada... Além da fadiga fisiológica, a estatística joga contra suas chances de atravessar a avenida. A cada segundo que passa, aumenta a probabilidade do semáforo mudar para vermelho.

Ao término da segunda quadra, o trote esportivo pede uma breve pausa, que regride automaticamente para *jogging*. Ok, você está andando de novo; porém, andando aceleradamente. E o sinal continua verde. Ainda existe esperança. Arrastando-se passo a passo, você quase tropeça na guia da terceira quadra. Vale repensar a impressão negativa daqueles cinco minutos de espera; eles trarão um alívio importante, cinco minutos de inatividade inteiramente dedicada a respirar. Você jogou a toalha. Só que o sinal continua verde. A partir deste ponto, algo faz mudar seu cálculo estatístico. Esse semáforo deve estar quebrado. Quanto mais ele mostra verde, mais você acredita que ele continuará mostrando verde.

Neste novo contexto, ninguém precisa mais se esforçar para atravessar a tempo. As pessoas à sua volta desaceleram, param para tomar um café e namorar as vitrines. Elas estão sempre tranquilas, você era o idiota. Quando elas quiserem de fato atravessar a avenida, a luz verde estará lá, esperando por elas.

Enquanto tudo isso parece um sonho, o som de uma buzina faz com que você vire a cabeça em direção aos veículos que aguardam no cruzamento. O trânsito na avenida se acumulou a níveis catastróficos. Algumas motos já avançam no sinal vermelho. Isso não vai acabar bem.

A mão gelada do rei

Outros achados empíricos de Daniel Kahneman qualificam ainda mais precisamente nosso vício de estabilidade que, combinado ao WYSIATI, faz com que enxerguemos apenas o sinal eternamente verde da avenida que percorremos, ignorando por completo o sinal vermelho das vias perpendiculares.

Num experimento hoje conhecido como "mão gelada", participantes da mesma espécie humana de Alan Greenspan ou Ben Bernanke são convidados a mergulhar uma das mãos num recipiente com água em baixa temperatura, durante um determinado intervalo de tempo – ao término do qual podem enxugá-la com toalhas quentinhas. Com a mão livre, os participantes controlam um teclado com setas indicativas do nível de dor que estão sentindo. Obviamente, a dor é tolerável e ninguém é obrigado a aguentar até o final do experimento. Mesmo assim, não houve desistentes.

O teste compreende dois intervalos distintos: um curto e outro longo. No intervalo curto, a imersão dura 60 segundos, numa temperatura de 14 graus Celsius. Já o intervalo longo se estende por 90 segundos. Os 60 segundos iniciais replicam rigorosamente o intervalo curto; nos 30 segundos restantes, a temperatura da água sobe ligeiramente, até atingir 15 graus Celsius, conferindo uma sensação marginal de alívio.Em seguida, para finalizar, os participantes são chamados a repetir um dos dois casos acima, por escolha voluntária.

Kahneman constatou que 80% das pessoas que reportaram uma redução do desconforto ao final do intervalo longo preferiram repeti-lo, dispondo-se a sofrer um adicional de 30 segundos de dor sem qualquer justificativa plausível.

Ao contrário do que você possa pensar, isso não se deve a um comportamento masoquista. Julgando pelo porte da estatística, é bem provável que sua escolha se assemelhasse à desse grupo majoritário de 80%. O intervalo longo é preferível ao curto graças a uma regra psicológica (*the pick-end rule*) que atribui maior relevância aos extremos e ao fim de uma dada experiência.

Segundo essa regra, a impressão geral da experiência é definida pelo nível de dor atingido tanto no pior momento quanto no final do processo. A duração integral e a dor média se provam quase que irrisórias se comparadas aos extremos e ao fim. Os dois gráficos a seguir mostram os resultados de outro estudo promovido por Kahneman, comparando pacientes sujeitos à dor de uma colonoscopia, numa época em que drogas anestésicas ainda não tinham uso difundido para esse tipo de aplicação.

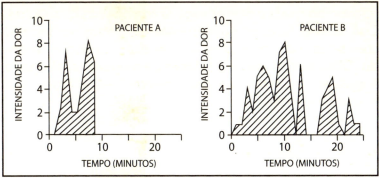

Fonte: Empiricus Research.

A cada 60 segundos, os pacientes reportavam o nível da dor que estavam sentindo, numa escala de 0 (nenhuma dor) a 10 (dor insuportável). Conforme explícito no eixo horizontal dos gráficos, o exame durou 8 minutos para os pacientes da categoria A e 24 minutos para os pacientes da categoria B, colhendo dados de 154 pessoas diferentes.

Se nos pautarmos em critérios de racionalidade, que agregam as áreas hachuradas nos gráficos, o sofrimento do paciente B é várias vezes maior que o do paciente A. Contudo, o grupo A guarda uma memória muito pior do episódio, que para ele termina de maneira bastante dramática.

Aplicadas à teoria dos ciclos econômicos, as descobertas psicológicas de Daniel Kahneman induzem os formuladores de política econômica a evitar ao máximo dores extremas e a adiar ao máximo finais dramáticos.

A ironia, entretanto, não perdoa. Quanto mais postergamos os extremos negativos, mais eles congelam nossas mãos.

Hoje está muito claro que as nuvens negras transformaram-se em perigosa tempestade.

Portanto, indispensável estarmos preparados para enfrentar as adversidades e delas extrair vantagens.

Afinal, é possível tirar proveito da crise e ganhar milhões.

Palavra do estrategista.

Impresso em São Paulo, SP, em fevereiro de 2016,
com miolo em off-white 70 g/m²,
nas oficinas da Intergraf.
Composto em Avenir Next Regular, corpo 11 pt.

Não encontrando esta obra em livrarias,
solicite-a diretamente à editora.

Escrituras Editora e Distribuidora de Livros Ltda.
Rua Maestro Callia, 123 – Vila Mariana
São Paulo, SP – 04012-100
Tel.: (11) 5904-4499 – Fax: (11) 5904-4495
escrituras@escrituras.com.br
vendas@escrituras.com.br
imprensa@escrituras.com.br
www.escrituras.com.br